TEOLOGIA DA VIDA CONSAGRADA

Pe. LOURENÇO KEARNS, C.Ss.R.

TEOLOGIA DA VIDA CONSAGRADA

EDITORA
SANTUÁRIO

Direção Geral: Pe. Luís Rodrigues Batista, C.Ss.R.
Direção Editorial: Pe. Flávio Cavalca de Castro, C.Ss.R.
Pe. Carlos Eduardo Catalfo, C.Ss.R.
Coordenação Editorial: Elizabeth dos Santos Reis
Copidesque: Luciana Novaes Russi
Coordenação de Revisão: Maria Isabel de Araújo
Revisão: Ana Lúcia de Castro Leite
Diagramação: Marcelo Antonio Sanna
Capa: Márcio A. Mathídios
Releitura sobre tela de Caravaggio
"Degolação de João Batista"

Dados Internacionais de Catalogação na Publicação (CIP)
(Câmara Brasileira do Livro, SP, Brasil)

Kearns, Lourenço
    Teologia da vida consagrada / Lourenço Kearns. — Aparecida, SP: Editora Santuário, 1999 — (Coleção claustro; 4)

    ISBN 85-7200-643-5

    1. Comunidades religiosas 2. Consagração 3. Conversão 4. Espiritualidade 5. Vida comunitária 6. Vida religiosa e monástica I. Título. II. Série.

99-3403   CDD-248.894

Índices para catálogo sistemático:
1. Vida consagrada religiosa: Cristianismo 248.894
1. Vida religiosa consagrada: Cristianismo 248.894

14ª impressão

Todos os direitos reservados à EDITORA SANTUÁRIO – 2025

Rua Pe. Claro Monteiro, 342 – 12570-045 – Aparecida-SP
Tel.: 12 3104-2000 – Televendas: 0800 - 0 16 00 04
www.editorasantuario.com.br
vendas@editorasantuario.com.br

Introdução

A finalidade deste livro não é apresentar um estudo erudito de pesquisa sobre a teologia da vida consagrada. Sua finalidade é apresentar uma teologia popular, que todos, religiosos e leigos, possam entender. Mais importante, sua finalidade é ser uma fonte de reflexão e de contemplação que ajudaria principalmente os religiosos a acolher os apelos à conversão na vivência de sua consagração religiosa. Os assuntos apresentados neste livro podem ajudar a animar e incentivar a vivência de nossa consagração, mas também servem para nos questionar e desafiar para a renovação de nosso ser e de nosso agir religioso na Igreja e no mundo.

Por isso, peço que os leitores não encarem tanto este livro do ângulo intelectual, mas sim do ângulo de meditação, reflexão e contemplação. Não é para correr do começo até o fim deste livro. O livro pode servir como uma fonte de reflexão pessoal e comunitária na busca da renovação de nossa consagração religiosa. Sua finalidade é chegar até a ação, a conversão e a libertação para que possamos ser realmente um sinal profético no meio da Igreja e do mundo. É um convite para entrarmos em nós mesmos, em nossa comunidade e na realidade de nossa província para acolher no silêncio a ação do Espírito Santo que nos chama à constante conversão na vivência autêntica de nossa consagração na Igreja. Minha função neste livro seria a de apresentar para vocês pistas de reflexão, mas não seria minha função tirar as conclusões necessárias para sua vida e para sua congregação. Este trabalho é parte de sua resposta diante dos apelos do Espírito Santo. Apresentarei pistas de reflexão, mas as conclusões práticas para colocar essas pistas em ação e na vida pertencerão a cada consagrado e a sua congregação. Peço também que este livro seja estudado e rezado comunitariamente, que os assuntos entrem criativamente em suas liturgias comunitárias.

Minhas fontes são inumeráveis, e não pretendo ser original nem inovador. O conteúdo é o resultado de cursos e da leitura de tantas pessoas eruditas que escreveram sobre a vida consagrada. Uma fonte também foram as conferências que preparei para nossos noviços redentoristas e para os noviços e noviças nos cursos de Novinter, cursos em preparação dos votos perpétuos, e Cerne que apresentei em vários Estados do Brasil. Várias vezes, depois desses cursos, alguns participantes pediram que eu escrevesse um livro com esses assuntos. Resisti por muito tempo. Mas finalmente ofereço esse serviço aos meus irmãos e irmãs religiosas.

Infelizmente não cito os autores porque nunca fiz anotações científicas de tudo o que li. O que apresento neste livro é o fruto de tudo mencionado acima. Sou imensamente agradecido a todos que me ensinaram durante meus anos na vida consagrada. Mas a principal fonte deste livro foi meu contato com tantas pessoas consagradas durante meus quase quarenta anos da vida consagrada. Foram eles que me ensinaram o verdadeiro sentido da vida consagrada. O que apresento neste livro fala mais de vida do que de ideias. Fala de tantos religiosos e religiosas que foram profetas e profetisas da consagração religiosa na Igreja e no mundo. Dedico este livro para todos eles e elas.

Se o esforço de escrever este livro ajudar os religiosos a sentirem-se amados por Deus e chamados à intimidade com ele através de sua consagração religiosa, então ficarei profundamente recompensado. Que este livro seja uma fonte de recuperação, de conversão e reanimação em nossa vocação religiosa.

Agradeço muito ao Padre Antônio Mello, C.Ss.R., e ao Padre Flávio Cavalca de Castro, C.Ss.R., que tiveram a bondade e a paciência para corrigir este livro.

Padre Lourenço Kearns, C.Ss.R.,
Religioso Redentorista

Capítulo I

A ESSÊNCIA DA VIDA RELIGIOSA

Quando falamos da vida religiosa hoje, uma coisa é certa: existe uma crise na vida religiosa no mundo inteiro. Algo está errado, e é necessário descobrir as fontes dessa crise para podermos superá-la. Seus sinais cercam-nos e desanimam-nos. Não é uma crise intelectual, mas sim uma crise de vida que nos toca diariamente. Alguns sinais dessa crise são os seguintes:

1. Em geral, há falta de vocações novas em quase todas as nossas congregações. Não temos os números que tivemos no passado e não estamos atraindo tantos vocacionados. E nossos professos estão ficando velhos. Essa situação causa desânimo e, pior, certo medo sobre o futuro de nossas congregações e da continuação de nossos carismas na Igreja.

2. Há certo desânimo que prevalece em nossas comunidades. Faltam aqueles sinais de vida que sentimos no começo de nossa caminhada na consagração religiosa. E tal desânimo é contagiante, tocando em todos os aspectos de nossa vida pessoal, comunitária e apostólica. Alguns sentem-se como os "ossos secos" na visão de Ezequiel (Ez 37,1-14).

3. Há certas dúvidas sobre a validade da vocação religiosa na Igreja do terceiro milênio, ao menos em suas estruturas tradicionais. Lemos sobre isso até nas revistas e jornais seculares. Nossa vida está colocada em questionamento, o que, por si, causa certa insegurança. Pessoas que consagraram sua vida por vinte, trinta ou quarenta anos ou mais, de repente, são questionadas

sobre seu valor no mundo e na própria Igreja. Dá a impressão que tudo que fomos e fizemos não valeu nada. Isso certamente causa uma crise em nossas vidas, especialmente quando passamos para a segunda e a terceira idades. É difícil chegar até essa idade e ser acusado de "inútil".

4. Um sinal doloroso são as desistências frequentes em quase todas as nossas congregações. Amigos e amigas que cresceram conosco e foram uma parte importante em nossas vidas, de repente, deixaram seus compromissos religiosos. Às vezes, suas saídas são por razões justificáveis. Nem sempre a vida comunitária soube ser acolhedora e perdoante. Mas, às vezes, as saídas são por razões tão insignificantes. E suas saídas deixaram certo vazio em nossas vidas e colocaram-nos numa situação de crise e tristeza. Um fenômeno triste mesmo é a desistência dos jovens religiosos logo depois de seu compromisso de consagração perpétua. Parece que não existe mais nesse mundo pós-moderno um sentido de compromisso por toda a vida. Esperávamos tanto para receber "novo sangue" para animar nossas congregações e carismas, e, de repente, alguns saem de nossa fraternidade sem mais nem menos. Isso causa desânimo que gera, em seguida, uma crise.

5. Talvez o pior sinal a indicar que há problemas entre nós seja o crescente formalismo religioso que aumenta por causa da própria crise. Começamos a praticar coisas exteriormente, mas sem o espírito que vem de dentro, que dá sentido para o que estamos fazendo. Isso acontece especialmente em nossas orações e liturgias. Vivemos estruturas, mas sem a motivação que lhes dá vida. Começamos, portanto, a deixar coisas essenciais em nossa vida, como a oração e a fraternidade que criam vida, para simplesmente viver estruturas caducas que criam morte. Fazemos por fazer, sem sentido, sem vida e sem "espírito". No desespero da crise, agarramo-nos a certas estruturas do passado para ter segurança, mas no fundo não acreditamos mais nessas mesmas estruturas. Faltam a motivação e a coragem para buscar novos meios de viver o que nossas constituições indicam

A ESSÊNCIA DA VIDA RELIGIOSA

como sendo elementos essenciais para animar nossa vida consagrada. E formalismo cria desânimo que leva o espírito à morte. E tal atmosfera de "morte" certamente não atrai outras vocações para o nosso meio.

Será que há uma causa comum em todos esses sinais explicando nossa crise? Acredito que haja algo em comum em todos esses sinais de crise na vida religiosa. Estamos numa profunda *crise de identidade*. Esquecemos o que somos na Igreja e no mundo. E, quando perdemos nossa identidade, também esquecemos os elementos essenciais que alimentam nosso ser e nosso agir religioso. Quando alguém se esquece de seu "ser" ou de sua "essência", o resultado é, e tem de ser, uma crise de identidade. O caminho de volta para superar os sinais da crise é redescobrir nossa identidade de consagrados na Igreja. É redescobrir toda a rica teologia do ser e do agir da vida consagrada. Se não fizermos isso, a crise vai continuar e até vai piorar com resultados desastrosos.

Há uma crise de identidade porque existiu, e ainda existe, uma visão tradicional da identidade da vida consagrada na Igreja que já não corresponde aos estudos mais recentes sobre a origem histórica da vida consagrada. De fato, essa visão tradicional não somente não concorda com os estudos mais recentes, mas também houve até erros no que nos ensinaram durante alguns séculos sobre a teologia da vida consagrada. Recentemente houve esclarecimentos bíblicos sobre o sentido de textos que tradicionalmente se referiam à vida consagrada e apoiavam essa visão tradicional, mas que simplesmente não podem continuar tendo a mesma interpretação.

O problema começou inocentemente com o Concílio de Trento, quando a Igreja estava num período difícil depois da Reforma Protestante. O Concílio teve o dever de colocar a Igreja em ordem teologicamente e em suas estruturas essenciais. A vida religiosa estava um tanto confusa em suas estruturas nesse período, mas estava viva, vibrante e com saúde. Entendia bem sua identidade e seu projeto dentro da Igreja. Para poder colocar as estruturas da vida consagrada em ordem, o Concílio determinou que eram autênticos religiosos na Igreja somente os que professavam os três votos: pobreza, castidade e obediência. Mas dessa ênfase nos três votos saiu o maior erro sobre a teologia da vida consagrada, erro que perdura até hoje. Muitos religiosos ainda hoje acreditam que o ser e a identidade da vida consagrada estão exatamente na profissão dos três votos evangélicos. Em certo sentido, desde o Concílio de Trento, esquecemos o verdadeiro projeto dos Padres do deserto, que começaram a vida consagrada na Igreja do século quatro. Desde o Concílio de Trento, muito foi escrito sobre os três votos, mas pouca coisa sobre a teologia e a identidade do ser religioso. Por isso, a vida consagrada assumiu uma *identidade errada*. E, com o tempo, essa situação tinha de causar uma crise de identidade.

O Espírito Santo soprou sobre toda a Igreja no momento do Concílio Vaticano II, chamando toda a Igreja para uma conversão. Também soprou sobre a vida religiosa que estava sofrendo com sinais de crise. Os Padres do Concílio perceberam que algo estava errado e faltando na vida consagrada na Igreja. O espírito que dera sentido à vida consagrada perdera algo essencial. Por isso, a Igreja pediu que todas as congregações voltassem às suas raízes para redescobrir o projeto original da vida consagrada. Foi um apelo para que voltassem e redescobrissem seu ser e sua identidade na Igreja. Foi uma chamada para uma profunda conversão. Era urgente que redescobríssemos o projeto original da vida consagrada na Igreja, para superar nossa crise de identidade.

Os teólogos tiveram a coragem de voltar a estudar os documentos originais dos Padres do deserto, para redescobrir o sentido da vida consagrada. Descobriram, de novo, as estruturas essenciais dessa vida consagrada. Redescobriram também os meios essenciais para viver essa consagração na Igreja.

Estes primeiros capítulos terão por finalidade fazer uma viagem de reflexão sobre a teologia da vida consagrada segundo o projeto original dos Padres do deserto. A vida consagrada começou com uma identidade específica, mas suas estruturas e reflexões teológicas levaram vários séculos para se desenvolverem. Vamos acompanhar os pontos essenciais dessas reflexões

A ESSÊNCIA DA VIDA RELIGIOSA

dos Padres do deserto, para podermos redescobrir nossa identidade religiosa e ouvir os apelos do Espírito que nos quer dar nova vida, novo espírito e novo coração (Ez 37,7-10).

I. O que a vida religiosa *não é*

Por falta de lembrar-se do projeto original dos Padres do deserto, vários erros substituíram as verdades centrais sobre a identidade da vida consagrada, e tais erros foram assumidos como alicerce para a consagração religiosa na Igreja. Gostaria de apresentar alguns desses erros, para que possamos purificar-nos deles se por acaso ainda existiam no tempo de nossa formação inicial para a vida consagrada. Um erro não pode sustentar a vivência da vida consagrada. Mais cedo ou mais tarde levará o consagrado a uma crise de identidade que poderá até causar outros males.

1. A visão tradicional
— a vida religiosa é um "estado de perfeição"

Essa visão tradicional frisa que a finalidade da entrada para a vida consagrada é chegar até um "estado de perfeição". Pode-se achar essa visão tradicional em muitos livros espirituais sobre a vida religiosa. A conclusão, que perdurou nos últimos séculos, foi que a "perfeição" pertencia somente ao estado da consagração religiosa. Não se poderia chegar à perfeição nos outros estados de vida como o matrimônio, a vida de solteiro ou o sacerdócio. A vida religiosa manteria um monopólio sobre a "perfeição". Sempre houve uma controvérsia intelectual sobre a questão: "qual vocação seria a mais sublime?" E já que a maioria dos escritores eram religiosos, é claro que a vida religiosa sempre saía no primeiro lugar! Foi ensinado que quem quisesse ser perfeito, somente poderia conseguir essa meta entrando para o convento! Santidade na Igreja, portanto, tornou-se propriedade particular dos religiosos. O resto da Igreja, que era a maioria,

12 A TEOLOGIA DA VIDA CONSAGRADA

talvez pudesse salvar-se, mas somente os religiosos tinham entrada garantida no céu.

De repente, o Espírito Santo soprou sobre o Concílio Vaticano II, declarando na *Lumen Gentium*, n. 110, que *o dom de santidade na Igreja é universal*. Todos os batizados são chamados à santidade pelo sacramento do batismo. Portanto, a santidade não é mais a propriedade pessoal dos religiosos. E essa revelação causou uma crise forte de identidade entre os religiosos. Essa declaração questionou a validade de nossa identidade de "perfeitos". Quem baseava sua consagração sobre esse alicerce entrou em crise. Quando ficou claro que nossos irmãos casados são iguais a nós religiosos e que eles têm o mesmo direito e a mesma obrigação de procurar a santidade, houve uma crise de identidade. Houve um abandono impressionante da vida consagrada depois do Concílio Vaticano II. Muitos descobriram que sua motivação para serem religiosos, isto é, a procura de um estado de perfeição, estava errada, e que poderiam conseguir essa mesma finalidade em outras vocações, especialmente no casamento. O dever de procurar a santidade *não vem da vida consagrada, mas do próprio sacramento do batismo*. Querer chegar a um "estado de perfeição" não pode ser a motivação básica para entrar na vida consagrada. Esse "querer" já está radicalmente enraizado no sacramento do batismo, que é um apelo universal para todos os batizados. A vida perfeita, portanto, não pode ser *a meta* de quem quer ser religioso. Consequentemente, tem de ter sido algo de mais profundo a inspirar os primeiros religiosos a assumir a vida consagrada. O estado de santidade na vida consagrada *deve ser o resultado de algo mais profundo*, mas não pode ser a meta, já que somos obrigados a buscar essa mesma santidade pelo sacramento do batismo.

Infelizmente, por causa desse erro, a vida religiosa em suas estruturas frisava a "perfeição" como a meta do autêntico ser religioso. Que esse erro introduziu vários sofrimentos na vida consagrada não há dúvida! Alguns simplesmente aprenderam que somente os "perfeitos" eram bons religiosos. E quando a maioria de nós nos encontrávamos com nossas limitações hu-

A ESSÊNCIA DA VIDA RELIGIOSA   *13*

manas e espirituais, especialmente com o fato de sermos pecadores, ficávamos desanimados, e a vida religiosa tornava-se para
nós um peso insuportável. Como sofremos, especialmente as
religiosas, com a confissão geral exigida cada ano no retiro
anual... Alguns sentiam-se "impuros" e "infiéis". Outros entra-
vam em profunda escrupulosidade, pensando que tudo tinha sido
"pecado" porque não fora feito com perfeição. E, pior ainda,
havia tanta ênfase na perfeição externa, até na maneira de sentar, de rezar, de andar, que o "espírito", o mais importante, ficava em segundo plano. Essa estrutura da vida religiosa levou-nos
a um possível estado de "farisaísmo". Havia observância externa perfeita, mas faltava o espírito antes do fazer. Por isso, muitas vezes a virtude da caridade fraterna ficava esquecida para se
poder observar a lei exterior. Havia tanta ênfase no exterior que
a motivação interior, anterior à ação, ficava esquecida. E, mais
cedo ou mais tarde, isso causava crise de identidade em muitos
religiosos.

2. Fundamento bíblico
— o fato de Jesus ter fundado a vida consagrada

Sempre foi ensinado que os três textos bíblicos, que se referiam aos três conselhos evangélicos, pobreza, castidade e obediência, provavam que Jesus Cristo instituiu a vida consagrada.
Você vai achar esse erro em quase todos os livros sobre a vida
religiosa dos últimos séculos. Agora os peritos bíblicos estão
dizendo-nos que esses textos não somente nada tinham a ver
com a instituição da vida religiosa, como também nada indicam
especificamente sobre os votos religiosos como os conhecemos.
Acreditávamos que Cristo mesmo tivesse fundado a vida religiosa nos tempos do Novo Testamento e, de repente, descobrimos que isso não era verdade, o que, em alguns, causou uma
crise de identidade.

Se Cristo tivesse fundado a vida religiosa, ela teria flores-
cido logo depois de Pentecostes, como, por exemplo, o sacerdócio. O fato de o sacerdócio ter começado logo depois de Pente-

costes prova que Cristo o instituiu. Mas a vida religiosa começou somente no século quatro. E começou não porque Cristo a fundou, mas por causa de algumas circunstâncias eclesiais daquele tempo. *Os Padres do deserto nunca escreveram que Jesus fundou a vida consagrada.* Por isso, a vida consagrada não tem uma fundação bíblica. Mais tarde, quando os Padres do deserto começaram a refletir sobre a essência da vida consagrada, sobre sua finalidade na Igreja e sobre suas estruturas essenciais, eles foram à Bíblia para procurar sua inspiração. Muito de nosso ser religioso tem seu fundamento na *inspiração bíblica*. Por isso, podemos dizer que a vida consagrada tem uma inspiração bíblica, mas não um fundamento bíblico.

O resultado desse erro foi que nós religiosos frisamos tanto os três textos que se referiam aos votos que esquecemos o projeto original dos primeiros religiosos. Estava claro para os primeiros religiosos que sua finalidade e sua inspiração era *viver a bíblia toda e não só esses três textos*. A vida religiosa, no começo, buscava a vivência de todos os conselhos evangélicos, sobretudo da caridade a Deus e ao próximo, e não somente dos textos sobre pobreza, castidade e obediência. Esse erro conseguiu fechar nossa visão original da vida consagrada. A vida consagrada pretende viver e profetizar o Evangelho todo numa forma radical.

3. Ênfase no fazer
— o "fazer" é o que faz um religioso autêntico

Um grande erro, que nos veio da ética do calvinismo, é que os que trabalham e produzem são salvos, porque isso é um sinal da predestinação de Deus. Essa ideia entrou também na ética da vida consagrada. E a modernidade e a pós-modernidade ajudaram a fortalecer essa ética. Quem produz tem valor. Quem não produz não tem valor em nossa sociedade. Essa ética foi traduzida na vida religiosa na seguinte forma: o religioso bom é aquele que faz e produz. Quem não faz nem produz não pode ser um bom religioso. Mas essa atitude e esse erro reduziram a essência da vida consagrada ao fazer. E no processo nos esquecemos do "ser", que dá sentido para nossos fazeres. Essa ética lançou a vida religiosa num ativismo exagerado e sem freios. E foi exatamente esse ativismo que levou os religiosos a esquecer os elementos mais importantes que alimentavam sua identidade na Igreja. Com tantas atividades "do nascer ao pôr do sol", não havia tempo para viver os elementos essenciais, para alimentar o ser da vida religiosa, como a oração e a vida em comunidade. Prendemo-nos tanto nas obras que muitos religiosos ficaram "secos", "vazios", "desanimados", simples "funcionários públicos" sem identidade, nem na Igreja, nem na sociedade. Mergulhamos tanto nas atividades que ficamos "sem espírito", sem a motivação religiosa que nos dá a vida.

Esse erro levou muitos religiosos a um estado profundo de crise de identidade em duas circunstâncias. A primeira, quando a limitação humana toma conta de nós na segunda e na terceira idades, quando não podemos "produzir" tanto como no passado. A conclusão lógica e triste dessa ética do ativismo sem freios é que, de repente, *não valemos mais nada como religiosos*. Quem não produz não é religioso autêntico. A segunda circunstância estava no fato de alguns terem feito de nossas obras a parte essencial de nosso ser, identificando nosso "ser" religioso com essas mesmas obras. Agora muitas dessas obras já não existem. Por falta de recursos humanos ou financeiros, as congregações estão deixando muitas de suas obras (escolas, hospitais etc.). De repente, há muitos religiosos "desempregados", que estão em crise porque não "têm nada a fazer". Infelizmente alguns identificaram seu ser religioso com uma obra ou com um fazer. E já que esquecemos as estruturas essenciais da vida consagrada, quando veio essa crise não havia elementos que nos ajudassem a confrontar com paz essa situação. Percebemos dolorosamente que nosso "fazer", seja ele qual for, não é suficiente para sustentar nosso ser religioso. Nenhum fazer é capaz de sustentar o essencial da vida consagrada. Por isso, existem alguns religiosos frustrados e desanimados, porque baseavam toda sua vida religiosa no ativismo sem freios e em certas obras. Ao invés de buscar novas maneiras de viver seu carisma na Igreja e no mundo, alguns agarraram-se em obras com todas as suas forças, e até em obras que já não falam de seu carisma fundacional. É claro que com isso veio uma forte crise de identidade.

4. Ênfase em estruturas
— tornamos "absolutas" algumas estruturas

Nos últimos séculos houve muita ênfase na organização e na formação de estruturas na vida consagrada. De fato, cada vez mais as estruturas monásticas tomaram conta até das congregações religiosas ativas. Tudo estava altamente organizado em nossos conventos. Os novatos na congregação eram introduzidos nessas estruturas sem a possibilidade de questionar seu valor. "Faça assim, porque sempre foi feito assim" era a única resposta diante de seus questionamentos. Havia estruturas rígidas em nossos conventos. E o erro começou quando alguns identificaram essas estruturas com o próprio ser da vida consagrada. Sem as estruturas, "não somos religiosos". O que deveria ser instrumento para facilitar a vivência da consagração, identificou-se com a própria consagração. *O meio, então, tornou-se um absoluto*. O secundário tornou-se o principal.

Mas, desde a abertura do Concílio Vaticano II, muitas dessas estruturas foram questionadas e rejeitadas. Com as novas constituições, em todas as congregações, muitas dessas estruturas foram renovadas para facilitar a vivência da vida consagrada. Mas essa situação causou uma profunda crise de identidade em muitas congregações. Alguns simplesmente não estavam preparados para acolher o diferente e o novo, porque realmente tinham identificado sua vida consagrada com essas estruturas. Esquecemos que as estruturas são meios, coisas secundárias, coisas que podem ou devem mudar com o tempo. Não são absolutas. E quando insistimos em manter nossas estruturas caducas, que levam à morte, então a vida consagrada entra em crise de identidade, e pior, começamos a morrer.

II. O que a vida religiosa *é* — qual sua essência?

Um fundo histórico

É necessário entender um pouco o pano de fundo histórico do começo da vida consagrada na Igreja no século quatro. A Igreja primitiva, embora tivesse seus problemas, foi uma Igreja vibrante e fervorosa. Com a perseguição crescente do império romano, os cristãos foram forçados a viver sua fé nas "catacumbas". Ser cristão tornou-se sinônimo de subversivo contra o estado romano. E sobre a cabeça de cada cristão caiu o perigo do *martírio*. Quem optava por ser batizado estava tomando uma decisão séria e cheia de fé. *O grande sinal da radicalidade na fé, no início da Igreja, foram os mártires.* O que mais atraía outros para abraçar a fé cristã eram os mártires. A radicalidade demonstrada na oferta livre e até alegre da vida por Cristo, no martírio, tocou profundamente o coração de muitos que logo depois acolheram a fé cristã.

O imperador Constantino, em 312, publicou o famoso Edito de Milão, que parou toda a perseguição contra os cristãos no império romano. Agora, os cristãos estavam livres para praticar sua fé abertamente. Assim, eles saíram das catacumbas e construíram suas igrejas. O resultado foi uma extraordinária entrada de convertidos na fé cristã, já que não mais havia o perigo de martírio. Mas também houve alguns resultados negativos. A fé cristã perdeu seu "primeiro amor" (Ap 2,4). Houve sinais de corrupção na própria Igreja, especialmente em suas lideranças, como nos papas e bispos. Esfriaram muitos sinais de fervor na Igreja. Mas, sobretudo, acabou qualquer sinal de radicalidade da fé na Igreja, que antes se manifestava pelo martírio. A Igreja, nesse momento, precisava de novos sinais de radicalidade, que, na observância da fé, fossem uma forte profecia para a própria Igreja e para o mundo.

Alguns batizados, que queriam viver mais radicalmente sua fé, não achavam espaço para isso no meio da sociedade decadente. Por isso, fugiram para "o deserto", para viver seu batismo na radicalidade. A primeira motivação para a vida consagrada foi o desejo de fugir do mundo. A vida religiosa, pois, começou sem qualquer intenção de introduzir na Igreja uma nova estrutura. Ela simplesmente começou como um movimento de indivíduos que assumiam a vida de eremitas, para poderem viver seu batismo numa forma mais radical. Mas logo esses "Padres do deserto" começaram a atrair "discípulos", que viviam como eremitas ao redor do "mestre" ou do "pai espiritual". E assim começaram as primeiras comunidades religiosas, que logo assumiriam a forma do monasticismo oriental e depois ocidental.

Os Padres do deserto nunca disseram que essa coisa "nova" tivesse sido instituída por Jesus Cristo nos tempos bíblicos. Sua origem estava numa situação eclesial, isto é, na falta de seriedade na vivência da fé na sociedade, e no desejo de viver o batismo de uma forma mais radical. Com esse fundo histórico, podemos entender o que sempre foi o ser ou a essência da vida consagrada segundo os primeiros religiosos na Igreja.

1. O ser da vida consagrada

Descobrimos, de novo, o ser da vida consagrada com os estudos mais recentes dos escritos dos Padres do deserto. Infelizmente, essa teologia ficou esquecida desde o Concílio de Trento, quando a ênfase foi centralizada nos três votos evangélicos. Um grande perito foi o dominicano Frei Tillard, que escreveu sobre esse assunto em seu livro "Diante de Deus e para os Homens". Esse livro é muito técnico e não é para leitura espiritual, mas Frei Tillard teve a coragem de voltar e redescobrir as raízes da vida religiosa no século quarto. Suas descobertas foram o impulso para a renovação necessária na vida religiosa atual. Foi a resposta para sair de nossa crise de identidade.

O projeto original da vida consagrada no século quarto é tão simples que chega a ser chocante. É tão evangélico que revela como esquecemos o essencial, indo atrás de tantas coisas secundárias com nossas estruturas. Os Padres do deserto, e mais

A ESSÊNCIA DA VIDA RELIGIOSA

tarde as primeiras comunidades religiosas, somente queriam uma coisa: *viver a aliança do seu batismo numa forma radical*. Mais nada! E qual é a essência dessa aliança do batismo? Ela fala de amor: *amar a Deus* com "todo o seu coração, com toda a sua alma, com todo o seu entendimento e com toda a sua força" (Dt 6,4-9; Mc 12,28-30). É amar a Deus de uma forma radical. A segunda parte é que queremos *amar ao próximo* de uma forma radical (Mc 12,31). Jesus disse que "não existe outro mandamento mais importante do que esses dois".

De novo, a simplicidade desse projeto é chocante, e como nos temos esquecido desse projeto simples que começou com os Padres do deserto! *Consagração religiosa fala da aliança do batismo vivido numa forma radical*. Fala de amor. Fala do desejo sincero de amar a Deus com paixão e de entrar em todo um processo de apaixonamento por Deus, porque descobrimos na contemplação que Deus foi quem primeiro se apaixonou por nós. E por causa do amor a Deus, nosso amor tem de chegar até sinais proféticos de amor ao próximo. Não fala de ideologias. Fala de amor sincero e fraterno por nossos irmãos de comunidade e pelo povo de Deus que servimos. Todo o resto no tocante à vida consagrada, como estruturas, vida em comunidade, apostolado, não teria nenhum sentido se não fosse inspirado e motivado pela vivência radical da aliança do batismo. Esse é o ser da vida consagrada que foi esquecido desde que começamos a frisar demais os votos religiosos como essência da vida consagrada, o que colocou a vida religiosa em crise de identidade. Precisamos, em nossos capítulos provinciais, voltar a refletir sobre esse ser autêntico da vida consagrada para superar nossas crises.

A expressão que os Padres do deserto usaram para descrever esse ser da vida consagrada foi: vivência do "Primado do Absoluto". Significa que, na vida de um consagrado, há somente *um absoluto que é Deus*. Por isso, todo o resto é secundário, relativo, ou como diria São Paulo, todo o resto "é perda" (Fl 3,7-9).

2. As consequências da vivência radical da aliança do batismo

Os Padres do deserto logo perceberam que quem quer viver sua aliança do batismo numa forma radical precisa assumir uma vida de consagração total a Deus. Isso significa que a pessoa consagrada pertence totalmente a Deus. É uma aliança livremente assumida, em que a pessoa doa a Deus tudo quanto é. Desde o momento de sua consagração, o religioso vive *em Deus e por Deus*. Tudo o que o religioso é ou faz deve ser motivado pelo desejo de amar a Deus em formas concretas de vida. Esse amor a Deus não pode ficar em teorias ou ideologias. Exige um amor efetivo, que chega até atos concretos de amor. Tudo o que acontece na vida de um religioso deve ser motivado pelo desejo de amar a Deus radicalmente. Isso é nossa identidade.

A segunda consequência é que um religioso, que pertence a Deus pela consagração, vive com uma motivação básica em tudo o que ele é ou faz. Tudo, mais cedo ou mais tarde, é dirigido a Deus em *culto e adoração*. A vida inteira de um religioso deve ser um ato contínuo de liturgia, em que apresentamos a Deus nosso culto e nossa adoração através da vida. A vida religiosa é um ofertório contínuo, em que nos encontramos com nosso Deus, oferecendo-lhe amor, culto, adoração e louvor.

Uma realidade que logo passou a fazer parte da estrutura da vida consagrada é que, para poder viver esse amor radical a Deus e ao próximo, o consagrado precisa entrar numa vida toda de *conversão*. Diante desse nobre projeto de consagração o religioso assume sua realidade de fundamental fraqueza humana. Para viver na radicalidade os dois grandes mandamentos que compõem a aliança do batismo, o religioso assume um *processo de conversão para a vida inteira*. É o processo de deixar todos os nossos "ídolos" ou "absolutos", para podermos acolher o único Absoluto em nossa vida. É o processo de deixar nossa adoração de tudo o que nos impede de amar a Deus de todo o nosso coração. É viver profeticamente o Primado do Absoluto, no meio do mundo que continua a viver a grande idolatria dos grandes deuses falsos. Falaremos muito sobre essa ques-

A ESSÊNCIA DA VIDA RELIGIOSA

tão em todas as nossas apresentações, especificamente quando falarmos sobre a questão da conversão na vida religiosa.

Mais tarde na reflexão dos Padres do deserto, a questão dos votos entrará, mas nunca como o alicerce da vida consagrada na Igreja. De fato, os votos, como os conhecemos hoje, somente entraram na vida religiosa no décimo terceiro século. A reflexão sobre os votos deu-se no contexto da reflexão sobre o seguimento radical de Cristo que veremos mais tarde. Os votos foram sempre *meios principais para viver o Primado do Absoluto*, e não o ser da vida consagrada. Os votos ajudam-nos a viver a mesma opção de Cristo, seu desejo de amar o Pai com todo o seu coração, o que constitui o ser da vida consagrada. Veremos como é difícil, se não impossível, viver a consagração sem viver esses três valores evangélicos no seguimento radical de Jesus Cristo. Mas eles são os meios e não o fim. O fim é viver o Primado do Absoluto ou viver a aliança do batismo numa forma radical.

Capítulo II

AS BASES TEOLÓGICAS DA VIDA CONSAGRADA

A essência da vida consagrada estava clara para os Padres do deserto. Eles simplesmente queriam viver sua aliança batismal de uma forma radical. O segundo momento de sua reflexão foi sobre as quatro bases indispensáveis, sobre as quais precisavam construir sua vida para poder viver esse projeto de consagração. O que dá sentido para essas bases é a própria essência da vida consagrada, isto é, a aliança do batismo vivida na radicalidade. As quatro bases são a vivência do Primado do Absoluto por meio de uma consagração religiosa; a missão profética na Igreja; a vida em comunidade; a profissão pública de consagração religiosa.

I. A vivência do Primado do Absoluto

Os Padres do deserto logo concluíram que se um cristão queria viver sua aliança de batismo numa forma radical, então, também precisava assumir uma vida de consagração total a Deus. Amor radical a Deus e ao próximo exigiam também uma consagração radical de sua vida a Deus e ao serviço à humanidade. Há vários sentidos nesta palavra "consagração" que nos ajudam a refletir sobre o significado desse compromisso. Ela fala de vida e não de teorias.

1. Consagração significa tornar algo "sagrado"

Tornar algo sagrado, no caso da vida consagrada, significa que tudo o que somos, fazemos e possuímos *pertence a Deus em doação livre e alegre*. Significa que todo o nosso ser, mais cedo ou mais tarde, deve ser dirigido para a glória de Deus, como uma resposta concreta de amor a Deus. E esse doar-se a Deus é algo radical. Não deveriam existir exceções nesse sentido. Todo o nosso passado, presente e futuro pertencem a Deus. Tudo deve ser dirigido a Deus em *culto e adoração*. Esse conceito toca profundamente em todas as nossas motivações e em todos os aspectos de nossa vida consagrada. Nossa vida fraterna, nossos apostolados e serviços, nossa própria vida interior pertencem a Deus em culto e adoração. Quando há a vivência livre e alegre dessa consagração total a Deus, existe no consagrado uma profunda paz e uma autorrealização incrível. Quando o consagrado vive somente para si mesmo, buscando sua própria glória, há somente profunda frustração e tristeza. Esse egoísmo é um dos grandes perigos do individualismo exagerado da pós-modernidade, que já entrou em nossos conventos em formas variadas. Por isso, o caminho da libertação é um confronto pacífico, mas honesto, com nossas motivações mais profundas em todas as ramificações de nossa vida consagrada. Se tentamos dirigir tudo para Deus, em culto e adoração, há paz no coração. Se tudo for dirigido para nossa própria autoglória, há somente frustração e, mais cedo ou mais tarde, uma crise de identidade. Confronto honesto com nossas motivações é o caminho de conversão e libertação.

Assumimos esse "tornar algo sagrado" no início de cada dia, renovando nosso desejo de amar a Deus de todo o nosso coração. Isso é santificar nosso dia. Mas essa motivação precisa de renovação durante o dia, para que nos lembremos de entrar nessa atitude evangélica de culto e adoração em tudo o que somos e fazemos. Precisamos de momentos curtos de intimidade com Deus, durante o dia, para purificar nossas motivações, para poder fazer "sagrado" tudo durante nosso dia.

2. Dedicar algo somente para Deus

A própria Igreja consagra certas coisas e objetos. A Igreja especialmente consagra itens que são usados em nossas liturgias. Quando um bispo consagra um altar, derramando sobre o altar os santos óleos, com todas aquelas velas acesas nos quatro cantos do altar, não há nenhuma dúvida de que esse objeto agora já não pertence ao mundo "secular", mas é agora algo "sagrado". Agora pertence a Deus. Está consagrado. Já não é uma simples mesa, mas é um altar que somente pode ser usado em funções litúrgicas. O mesmo acontece com um cálice. Depois de sua consagração, esse cálice está dedicado somente a Deus e a seu culto. Ele sai de sua essência mundana para entrar no mundo do sagrado. Já não é um copo, mas é um cálice sagrado que pertence a Deus.

Mas a Igreja também consagra *pessoas*. Pela profissão religiosa, a pessoa deixa, por opção, o mundo secular e entra no mundo sagrado. A pessoa consagrada agora pertence totalmente a Deus e é dedicada somente para o culto e para a adoração de Deus. A pessoa consagrada vive e respira somente para Deus, num ato contínuo de liturgia. Agora seu ser é um ser consagrado, que quer viver somente em e por Deus. Tudo é dirigido a Deus em culto e adoração.

Mais uma vez, para viver isso, o consagrado precisa traduzir em vida seu ser consagrado totalmente dedicado a Deus. *Precisamos de atos concretos de consagração*. Atos proféticos e visíveis de culto e adoração, que mostrem pertencermos totalmente a Deus. Manifestamos esse aspecto de consagração através de uma vida profunda de intimidade com Deus, por meio da oração de contemplação. Nossa intimidade não pode ser superficial. Também manifestamos esse aspecto por uma vida de liturgia comunitária, especialmente na celebração da Eucaristia, que é uma renovação de nossa consagração a Deus. Em poucas palavras, o povo de Deus tem de ver que somos mesmo dedicados a Deus. Nossa vida precisa ser profética. O povo sabe que pertencemos a Deus, mas ele tem também o direito de ver que vivemos isso em profundidade. Somos consagrados a Deus,

As bases teológicas da vida consagrada

e não podemos enganar o povo vivendo uma vida totalmente mundana sem intimidade com Deus.

3. Oferecer algo a Deus em sacrifício

Num primeiro momento da história da Igreja, o grande sinal da radicalidade na fé foi o martírio, que terminou com o Edito de Milão do imperador Constantino. Os Padres do deserto escreveram que um novo tipo de martírio radical tomava o lugar do martírio de sangue. A vivência da consagração era agora considerada um "martírio lento". A vida consagrada agora era o novo sinal da radicalidade da fé batismal na Igreja. A vida religiosa era comparada com o sacrifício de holocausto do Antigo Testamento. Num holocausto, o animal sacrificado era colocado no altar e totalmente destruído pelo fogo. Assim mudava sua essência "corporal" em essência "espiritual", na forma de fumaça que subia ao trono de Deus. Pela consagração religiosa, o religioso agora se coloca livremente no altar e se oferece a Deus em culto e adoração. O consagrado entra num processo lento, e às vezes doloroso, de morrer para si e para o "velho homem", para seu orgulho e para seu egoísmo, para ser totalmente dedicado a Deus. Esse conceito coloca no chão os dois pés do consagrado. A finalidade do processo de conversão na vida consagrada era para chegar a doar-se cem por cento a Deus, em culto e adoração. Mas o consagrado sabe que está muito longe dessa realidade quando assume sua identidade de consagrado na Igreja. Há toda uma história de fragilidade humana que o consagrado carrega. Apesar de todo o nosso desejo de viver radicalmente esses cem por cento, ainda existem no religioso tendências pecaminosas, bloqueios, complexos, problemas não resolvidos que, no fim, não deixam o consagrado assumir total e radicalmente seu ser consagrado. Os Padres do deserto perceberam que esse "martírio lento" significava uma vida toda de conversão. É o assumir um martírio longo para poder, pouco a pouco, superar os bloqueios, para vivermos cada vez mais plenamente nossa vida de culto e adoração. Sem esse processo de "holocausto" e martírio lento, é impossível viver o Primado do

Absoluto. É um processo lento e doloroso, mas também é um processo libertador. Falaremos mais sobre esse assunto quando tratarmos do conceito de conversão na vida consagrada.

4. Permanência

Uma consequência desse desejo de viver o Primado do Absoluto é que tal compromisso é por toda a vida. É radical. É assumir esse processo até "o caixão" e, de fato, até depois da morte, porque essa identidade de consagrado continuará por toda eternidade (Ap 14,2-5).

Esse conceito de "permanência até a morte" é mais difícil de entender para nossos formandos, porque faltam sinais de permanência e de estabilidade em nossa sociedade pós-moderna. Todos os formandos conhecem familiares divorciados ou padres, ou religiosos que deixaram seus compromissos religiosos. Os formandos não têm referências claras de permanência e compromisso para toda a vida. Mas o ensinamento da Igreja continua sendo que a consagração é um compromisso que deveria ser para toda a nossa vida.

É possível ler em alguns livros um novo conceito sobre a "vida consagrada temporária". Essa ideia vem de uma reflexão dos profetas do Antigo Testamento, que foram chamados por Deus para uma missão específica e consagraram-se a Deus enquanto a missão perdurava. Terminada a missão, terminou também sua consagração. Alguns teólogos apresentam essa forma de vida consagrada temporária como uma possível alternativa para a vida consagrada na Igreja pós-moderna. Essa opinião ainda não tem aceitação geral entre os teólogos. A ideia que a vida consagrada é livremente assumida por toda a vida ainda é a mais aceita.

5. Conversão

É muito claro, desde o começo das reflexões dos Padres do deserto, que, se alguém busca viver o Primado do Absoluto, então também precisa assumir uma vida constante de conversão. Mas uma conversão que seja efetiva e que toque na própria vida da pessoa. Não se fala de teorias ou de "amanhã". Uma conversão que seja sadia e evangélica, que tenha a pessoa de Jesus Cristo no centro, como modelo. Uma conversão que deixe espaço para o Espírito Santo, para que ele possa indicar as áreas necessárias de conversão. Espaço para curar, sarar, libertar, para que o consagrado possa viver na plena liberdade o projeto de doar-se radicalmente ao amor a Deus e ao próximo. Essa questão de dar espaço ao Espírito Santo é uma questão fundamental de honestidade na busca das mudanças evangélicas, que precisamos assumir para viver mais autenticamente nossa consagração. É assumir o processo de eliminar pouco a pouco todos os obstáculos que não nos deixam viver com liberdade o projeto de doação total a Deus em culto e adoração.

II. A missão profética na Igreja

1. O sentido da missão profética na vida consagrada

O ponto central da vida consagrada estava claro para os Padres do deserto. Pela vivência radical da aliança do batismo, os Padres descobriram seu maior "fazer" ou "serviço" na Igreja. A sincera vivência do Primado do Absoluto na Igreja transformava os consagrados em "profetas do reino". Quando alguém assume por "profissão" viver a aliança do batismo na sua radicalidade, então exerce uma dupla função profética na Igreja e no mundo. O religioso cumpre o dever profético de ser *a memória da Igreja ou a consciência da Igreja*. Em poucas palavras, quem vive seu ser batismal na radicalidade, automaticamente chama atenção dos outros membros da Igreja para seus próprios deveres batismais. Ele age como uma "memória" ou uma "consciência", lembrando a todos sua aliança batismal, que é comum a todos os cristãos. Lembramos a todos que somos seres consagrados pelo batismo e que prometemos, pela aliança batismal, amar a Deus e amar ao próximo. O religioso, vivendo

28 A TEOLOGIA DA VIDA CONSAGRADA

sua consagração profeticamente, anima os outros membros da Igreja a também viver sua aliança batismal. Vivendo nosso ser religioso, também acusamos os outros membros da Igreja por sua falta de vivência de sua aliança batismal. Por isso, os membros da Igreja têm o direito de olhar para seus religiosos a espera de ânimo e coragem para a vivência de sua consagração batismal. Também os religiosos, fiéis a sua vivência de consagração, têm o direito de questionar os membros da Igreja sobre suas obrigações batismais. O resto da Igreja tem o direito de olhar para seus profetas esperando receber direção, animação e questionamentos. Assim assumimos e vivemos a dupla dinâmica da profecia: *anunciamos e denunciamos*. Por isso, muito cedo na história da vida religiosa, membros da Igreja, bispos, clero e leigos foram "ao deserto" para consultar seus religiosos, porque percebiam sua missão profética na Igreja.

2. Anúncio profético

O primeiro e mais importante dever de um profeta é anunciar. A vivência autêntica da essência da vida consagrada já é um forte anúncio na Igreja e no mundo. A vida consagrada é uma vivência de valores evangélicos no meio do mundo, que muitas vezes não aprecia ou até rejeita esses mesmos valores. É o anúncio alegre de termos achado e escolhido *valores alternativos*, em vez dos que o mundo apresenta como "absolutos". E nossa vivência desses valores evangélicos convida a Igreja e o mundo a perceber, apreciar e acolher nossas alternativas evangélicas. O primeiro valor que mostramos profeticamente é que, pela aliança do batismo, estamos apaixonados por Deus. Mostramos isso sendo homens e mulheres "profissionais" de oração e de contemplação. Mostramos, por meio da oração pessoal, litúrgica e comunitária, que celebramos o "Sagrado", que o mundo apaga cada vez mais pelo processo de secularização. Deus para nós não é uma teoria. Deus é vida que celebramos e amamos concretamente. Também anunciamos o valor do viver em comunidade na fraternidade. Proclamamos o valor da pobreza na profunda partilha de tudo na vida. Pela castidade, optamos pelo valor do serviço desinteressado em favor dos mais necessitados no mundo. Finalmente, pelo valor evangélico da obediência, proclamamos uma disponibilidade radical diante da vontade salvífica do Pai, que quer salvar toda a humanidade. Enfim, anunciamos todos os valores apresentados nos evangelhos. Todos os nossos fundadores tiveram uma experiência mística de Deus, na qual se sentiram tocados profundamente por um valor evangélico específico. E sentiram a necessidade de proclamar, anunciar e relembrar aos membros da Igreja e ao mundo esse valor meio esquecido com o tempo. Todos eles foram profetas do reino e traduziram esse valor no carisma fundacional de suas congregações. Cada congregação religiosa foi fundada sobre um anúncio profético do evangelho. A tendência que, na América Latina, chama os religiosos a maior inserção nos meios populares, tem por finalidade que nossa profecia fique mais perto do povo, para que possa ver e imitar o que estamos profetizando e vivendo.

3. Denúncia profética

A denúncia é uma parte essencial do profetismo. Não é algo negativo, mas sim a denúncia forte dos erros que existem em nossa religião, em nossa sociedade e em nosso mundo. Basicamente a denúncia dos consagrados concentra-se sobre qualquer abuso, religioso ou social, que *não deixa o povo de Deus viver plenamente a aliança de seu batismo*. É denúncia de qualquer desvio do caminho batismal dentro ou fora da Igreja. E nosso mundo pós-moderno está cheio desses desvios que interferem profundamente na vivência tranquila da aliança do batismo. Não precisamos olhar longe para perceber os abusos terríveis em nossa sociedade, para perceber como ela não deixa homem e mulher viver seu batismo. O mundo pós-moderno, em vários aspectos, coloca diante do batizado os valores antievangélicos como metas de vida. Consumismo, individualismo radical e hedonismo são apresentados como valores absolutos. A falta de partilha causa a grande distância, cada vez maior, entre os que têm e os que não têm. Enfim, muitos batizados não têm chance de viver a dignidade de sua filiação divina nesse mundo. O culto e a adoração do mundo pós-moderno vão em direção de coisas materiais, de prazeres, do desejo de poder e dominação sobre os outros, numa forma de "nova idolatria". O religioso, pois, assume o papel de profeta, para denunciar esses valores falsos e não evangélicos, que cada vez mais matam e dividem o povo de Deus. Trata-se de denunciar uma situação de "morte" para poder anunciar outros valores que trazem a "vida".

a) Denúncia passiva

Denúncia passiva significa a simples vivência de nossa consagração no meio do mundo. É claro que isso significa que tal vivência seja vista pelo povo de Deus, para poder ser uma verdadeira profecia. A própria vivência alegre de nossa consagração no meio de toda essa "idolatria" dos deuses falsos é, por si, uma forte denúncia. Mostramos que livre e alegremente optamos por outros valores, que são os evangélicos. Rejeitamos, pois, em denúncia profética, os valores apresentados como absolutos pelo "mundo", para abraçar o único Absoluto que é Deus. Essa posição firme já coloca o mundo num estado de questionamento e insatisfação que, possivelmente, o levaria à conversão (Sb 2,12-20). Nossa profecia, para ser eficaz, precisa ser vista pelo mundo. Nós profetizamos que vivemos o sentido do "Sagrado" em nossa vida, sagrado que o mundo quer apagar cada vez mais. Somos homens e mulheres de oração e de liturgia, que procuram o encontro do "Sagrado". Somos pessoas que acreditam em partilha e fraternidade, para a vida em comunidade que o mundo rejeita com seu individualismo neurótico. Parece que esse tipo de profecia passiva seja fácil de viver, mas não é. Muitas estruturas do mundo moderno, consciente ou inconscientemente, já entraram em nossos conventos. Não somente estragaram nossa vivência de consagração, mas apagaram a força de nossa profecia passiva. Há necessidade de muita honestidade para perceber onde falhamos e onde já acolhemos as estruturas antievangélicas em nossos próprios conventos. Capítulos provinciais precisam ter muito mais coragem para colocar o dedo na chaga e enfrentar nossa vivência de valores antievangélicos, para que possamos ser verdadeiros profetas e profetisas do reino.

b) Denúncia ativa

Às vezes, a denúncia passiva não é suficiente para produzir efeito. Ou o povo não entende nossos gestos proféticos, ou simplesmente rejeita nossas alternativas evangélicas. Então a comunidade religiosa, no meio do mundo, precisa passar da denúncia passiva para uma denúncia ativa. Essa passagem da denúncia passiva para a ativa deve ser uma decisão da comunidade, e todos, de uma maneira ou de outra, devem participar no discernimento, na decisão e na execução. Mais uma vez a denúncia se concentra em circunstâncias concretas, nas quais ao povo de Deus não é permitido viver a aliança de seu batismo. Aqui os religiosos, como os profetas do Antigo Testamento, saem da simples vivência de sua consagração para adotar meios mais "dramáticos" e mais visíveis para anunciar valores alternativos e evangélicos. Os consagrados podem aproveitar-se especialmente dos meios de comunicação social para denunciar os abusos contra a vivência batismal. Rádio, televisão, passeatas, jornais são meios que podemos utilizar para fazer nossa profecia junto do povo perseguido e sofrido. Mas aqui pode entrar a reação do "mundo", na forma de perseguição, especialmente em sua forma mais radical, o martírio. Na história da luta pelos direitos humanos, na América Latina, há muitos mártires religiosos e religiosas que tiveram a coragem da denúncia profética radical.

c) Duas observações

Aqui, simplesmente gostaria de constatar duas realidades recentes na história de nosso ser profético na vida consagrada.

1. Nas últimas décadas, houve muita ênfase na denúncia ativa feita pelos religiosos. Mas o que faltou foi o anúncio dos valores evangélicos. Pode ser que uma má interpretação da Teologia de Libertação tenha levado a essa falha. Não pode ha-

32   A TEOLOGIA DA VIDA CONSAGRADA

ver um lado só no profetismo. Anúncio sem denúncia é errado, como denúncia sem anúncio também o é. Pura denúncia profética deixa um vácuo evangélico, que não orienta o povo de Deus para valores alternativos e evangélicos. Reduzir o profetismo a algo puramente político e social é deixar à margem a finalidade mais importante do profetismo: *tocar o coração do povo com alternativas evangélicas*. O anúncio ajuda a purificar, com valores evangélicos, o simplesmente social e o simplesmente político, que nem sempre são evangélicos. Em poucas palavras, os religiosos precisam de um equilíbrio corajoso entre anúncio e denúncia em seu profetismo, para ele ser autenticamente evangélico.

2. É mais ou menos aceito entre os formadores religiosos que a nova geração de formandos não tem, quanto às questões sociais, a mesma visão nem o mesmo ardor militante das últimas gerações. Isso até causa atrito entre formadores e formandos, porque a ênfase na parte social mudou. A nova geração é mais "personalista" do que interessada em mudar "estruturas da morte", o que era o enfoque das últimas gerações de militantes. A nova geração quer resolver problemas de pessoas, famílias e comunidades, mais do que mudar as estruturas que causam tais problemas. O que gostaria de frisar aqui é que os dois lados têm valores evangélicos e que os dois lados precisam ser ouvidos, compreendidos e integrados. Um lado não deve estar contra o outro. Devemos aproveitar o valor de cada lado para a maior eficácia de nosso profetismo religioso. Há necessidade de uma síntese entre a visão personalista e a visão social. Nosso profetismo religioso será eficaz exatamente à medida que realizar essa síntese.

III. A vida em comunidade

Logo ficou evidente para os "eremitas" do deserto que era quase impossível viverem sozinhos esse projeto de consagração religiosa. Precisavam de uma comunidade de apoio e de ajuda mútua para chegar até a fidelidade na vivência do Absoluto.

Eles encontraram sua inspiração bíblica na "comunidade apostólica", que apresentava dois aspectos inseparáveis. A consagração religiosa não pode ser vivida em comunidade sem dar vida a esses dois aspectos:

1. um aspecto era a maneira de Jesus viver em comunidade com os doze apóstolos e a vontade de assumir as estruturas essenciais dessa comunidade apostólica;

2. o outro aspecto era o como essa comunidade assumiu uma missão comum com Cristo, o que exigiu que eles saíssem de si mesmos para servir ao povo de Deus.

1. Uma definição teológica da vida em comunidade

Vamos refletir aqui sobre uma definição teológica da vida comunitária religiosa, e depois haverá alguns comentários sobre cada parte dessa definição.

> *A vida comunitária religiosa é, ou melhor, quer ser uma realização histórica da comunhão trinitária, vivida em fraternidade livre, e a serviço do homem e do mundo.*

a) A vida comunitária religiosa "quer ser"

Esse conceito significa que a vida em comunidade está sempre em "processo" de realizar sua finalidade. Nunca chegará até um estado de perfeição. Nunca será completa. Sempre será imperfeita. Nesse processo, haverá momentos fortes de crescimento mútuo, mas também haverá momentos fortes de conflitos, de decepções e até de infidelidade. O processo é parecido com o vivido pelo povo de Deus em seus 40 anos no deserto, onde houve momentos fortes de vivência comunitária da aliança do Sinai, mas também momentos fortes de infidelidade comunitária diante dessa mesma aliança. A comunidade apostólica de Jesus também reflete perfeitamente essa realidade. Como precisamos de uma leitura mais crítica da comunidade de Jesus com os doze apóstolos! Não foi uma comunidade perfeita. De fato, estava cheia de problemas, brigas pelo poder, inveja e infidelidades, e Cristo precisava passar muito tempo explicando a seus apóstolos os ensinamentos evangélicos sobre a vida comunitária (Mc 9,33-37). O que constitui uma comunidade "religiosa" é sua condição de "querer ser". Esse querer ser significa que a comunidade admite, com toda a sua realidade humana, que há problemas humanos entre seus membros, mas que eles caminham para algo mais e maior. É uma fraternidade que exige muita doação de si em favor dos outros membros da comunidade. O conceito de "serviço" aos outros é uma característica evangélica e essencial que o próprio Verbo mostrou, porque Ele veio para servir e não ser servido (Mt 20,28; Mc 10,45). Esse conceito de "querer ser" exige um acolhimento radical de nossas realidades humanas na comunidade e um olhar realista para o futuro, na esperança de sermos capazes de superar as dificuldades. Somos capazes de assumir os valores evangélicos de fraternidade. Esse conceito falta muito em nossas comunidades que, com o primeiro contratempo, ou sinal de desamor, simplesmente desistem de lutar pelo mais e pelo maior. Queremos o "perfeito", mas recusamos assumir o processo do "querer ser". O "perfeccionismo" orgulhoso tem destruído muitas comunidades, porque não admite nossa fragilidade humana diante do projeto de consagração.

b) Uma realização histórica

Aqui estamos falando da realidade da graça e do processo de salvação que acontece no ambiente de uma comunidade. Deus sempre quis salvar seu povo num contexto de comunidade, como podemos ver na história de Israel e nas suas alianças. Mas o importante é notar que a graça acontece no presente — no aqui e agora em que estou vivendo minha vida comunitária. O processo de salvação não pode acontecer no puro "saudosismo" ("Oxalá tivesse a comunidade que tive dez anos atrás! Tudo seria diferente!"); nem no puro "futurismo" ("Oxalá estivesse com fulano. Tudo então seria perfeito na comunidade."). A graça e o processo de salvação continuam acontecendo em circunstâncias concretas e dentro da realidade atual de minha comunidade. Deus está no meio da comunidade e salva minha pessoa e a dos meus coirmãos exatamente nessa circunstância concreta. Deus salva onde estamos e com quem estamos, neste momento da história de salvação. Há muito perigo em rejeitar o presente e cair no saudosismo e no futurismo. Isso pode causar um bloqueio forte diante da ação salvadora de Deus em minha vida pessoal e, pior ainda, no processo de salvação da comunidade. O não assumir nossa realidade comunitária atual causa muita tristeza, muito exagero, muita resistência à graça de Deus. Aqui precisamos assumir toda a fragilidade humana de nossa fraternidade que *nunca será perfeita*. Sempre haverá imperfeição, que causará dificuldades e dores humanas. Mas a contemplação dessa realidade precisa começar com minha própria limitação humana e espiritual, que causa imperfeição na comunidade. O ponto de partida não está nas limitações dos outros da comunidade, mas em minhas próprias. Falta, às vezes, a honestidade de encarar, acolher e assumir nossa limitação pessoal para podermos viver em paz com as limitações dos outros. Sem essa atitude de abertura, a realização histórica do processo de salvação não pode acontecer. Sem honestidade e humildade vamos bloquear a graça de Deus na comunidade.

c) Da comunhão trinitária

Chegamos à parte central dessa definição teológica, sem a qual uma comunidade religiosa não existe. A meta, a finalidade, a profecia de vivermos juntos é tentar realizar entre nós o mesmo amor que existe entre o Pai, o Filho e o Espírito Santo. Nossa vivência em comunidade quer ser um sinal visível, profético e efetivo do amor que existe entre os membros da mais sublime comunidade, a Trindade. À maneira como o Pai ama o Filho e como o Filho responde a esse amor do Pai, a comunidade tenta realizar esse mesmo amor entre todos os membros da comunidade. Portanto, a fonte e a vida de qualquer comunidade significam amor. Não um amor superficial, nem um amor sentimental, nem um amor interessado, nem um amor egocêntrico. Mas um amor que exige, como o amor entre as pessoas da Trindade, um "sair de si" para doar-se ao outro. Um amor que tente ser totalmente "outrocêntrico". Significa amor criativo e generoso. Significa amor que dá espaço para criar a vida e que deixa nosso irmão viver, crescer e desenvolver-se. Significa amor que incentiva o outro a viver sua consagração cada vez mais livre e alegremente. Esse processo de amor só pode acontecer onde existe um processo constante de conversão individual e comunitária. Onde há problemas sérios de desamor, competição, divisão e grupos de poder na comunidade, podemos presumir que o grau de amor mútuo é muito baixo. Onde existe atmosfera de compreensão, perdão, aceitação e amor a comunidade tem saúde e cresce nesse amor, apesar de suas dificuldades e limitações humanas.

d) Vivida em fraternidade livre

Essa colocação significa que nunca somos nós quem escolhemos com quem vamos conviver na busca de viver o Primado do Absoluto. Nossos superiores fazem nossas transferências. É claro que hoje em dia, antes de transferir, há mais consultas nas bases do que no passado, quando não havia diálogo nenhum. Podemos e devemos expressar nossas dificuldades em viver comunitariamente com certas pessoas. É nosso direito. E isso coloca-nos diante de uma realidade tanto humana como espiritual. Uma vez que estamos em nova comunidade, com pessoas concretas, ninguém pode forçar a fraternidade a acontecer. Tem de haver uma opção livre e adulta acolhendo quem Deus coloca em nossa vida, para viver conosco em comunidade. Também eu preciso abrir-me para ser acolhido pelas outras pessoas. Mais uma vez é preciso assumir a realidade de esse grupo humano, que quer viver a aliança de seu batismo na radicalidade, ser "um bando de imperfeitos". Exige-se muita maturidade para acolher nossa realidade de imperfeição e lutar contra o maldito "perfeccionismo" que foi tão frisado em nossa formação inicial. Falaremos logo sobre as qualidades adultas e evangélicas que precisam tomar conta de nossa vivência comunitária. É um ato profundo de fé acreditar que Deus colocou essas pessoas em minha vida para me ajudar a chegar à maior fidelidade em minha consagração. Isso é especialmente verdade quando buscamos viver a obediência mediante uma comunidade que esclarece para nós a vontade do Pai. Exige a atitude adulta e evangélica de entrar no jogo de doar-se aos outros e de receber dos outros. Exige a atitude adulta e cristã de entrar num processo de conversão quando há dificuldades humanas a superar, sem cair nas normas do mundo que prega vingança, calúnia e infantilismo. Trata-se de assumir todo o processo de caminhar juntos na vivência de nossa consagração, o que exige ajuda mútua, adulta e, sobretudo, caridosa.

e) A serviço do homem e do mundo

Essa parte da definição fala do segundo aspecto de uma comunidade apostólica. Essa comunidade religiosa tem por finalidade amar e servir não só a Deus, mas todos os que aparecem em nossa vida. O primeiro momento desse amor e serviço acontece "para dentro" da própria comunidade. Não nos podemos enganar sobre essa realidade evangélica. Os destinatários primários de nosso amor e de nosso serviço são os coirmãos que Deus colocou em nossa vida. Esse serviço abrange coisas materiais, espirituais, a fraternidade e a busca de chegar juntos a Deus na vivência de nossa consagração. Exige uma disponibilidade radical. Precisa ser motivado pela caridade para ser autêntico e profético. Exige o processo alegre do amar e ser amado.

O segundo momento desse serviço é "para fora" da comunidade religiosa. A comunidade, na tentativa de imitar o amor trinitário, precisa sair de si para criar, para servir, para amar. A comunidade não pode cair na grande tentação de se fechar em si mesma. Ela tem de buscar meios concretos e efetivos para expressar seu amor a Deus pelo serviço aos filhos de Deus na Igreja e no mundo. Quem se fecha em si mesmo deixa de ser sinal profético do amor trinitário. Nosso modelo, em tudo isso, é o próprio Verbo, que desceu e se encarnou "para servir e não para ser servido". Aqui entra toda a questão do carisma fundacional da congregação, que aponta algum serviço evangélico em favor de um grupo especial na Igreja ou no mundo. Aqui entram também a importância da fidelidade ao nosso carisma congregacional e a necessidade de adaptar nosso carisma ao mundo de hoje.

Como é importante redescobrir a ideia de que todo o nosso serviço "para dentro" ou "para fora" vem de um mandato da comunidade. É a comunidade que abençoa e encoraja nossos serviços. Há tanto individualismo hoje em dia que esquecemos que por meio da comunidade é que exercemos qualquer ministério ou serviço dentro ou fora da comunidade religiosa

2. Qualidades evangélicas de uma comunidade religiosa

Há certas qualidades ou características evangélicas que precisam predominar em nossas comunidades para que haja paz e uma caminhada adulta que facilitem a vivência do Absoluto. Onde essas características predominam, há paz na comunidade, apesar de seus momentos de tensão, de crise e de infidelidade. Onde essas qualidades não predominam, há literalmente "um inferno" na vivência comunitária e, pior, somos um escândalo antievangélico para o povo de Deus.

a) Uma comunidade acolhedora

Uma comunidade acolhedora significa que os membros são capazes de aceitar, acolher e respeitar a totalidade dos membros de sua comunidade. Como nós mesmos, os outros membros da comunidade trazem em si muitos talentos e dons, mas também limitações humanas. Cada um é uma criação diferente de Deus e uma manifestação do próprio Deus. É, de fato, fácil acolher o que nos agrada no outro. O problema começa quando precisamos confrontar-nos com o "diferente" que existe no outro. A reação humana, diante desse diferente no outro, é assustadora. O outro de repente se torna uma ameaça para nós. Essa pessoa diferente nos questiona, ficamos inseguros com sua maneira diferente de ser, de agir, de pensar. A tendência egocêntrica que, de diversas maneiras, existe em todos nós é querer que todos sejam uma "cópia xerox" de nossa própria pessoa e de nossa maneira de ser, agir e pensar. Como é difícil, no primeiro momento, acolher o diferente no outro. Se temos a paciência de "contemplar" o diferente no outro, vamos descobrir coisas ma-

As bases teológicas da vida consagrada 39

ravilhosas nele, que não somente não nos ameaçam, mas que podem enriquecer-nos, complementar-nos em nossa própria limitação e animar-nos a viver melhor nossa consagração. É questão de apreciar a manifestação de Deus nessa pessoa, com sua personalidade diferente. Podemos ter uma grande experiência de Deus contemplando o diferente que existe no outro, porque o Criador manifesta-se a nós exatamente no diferente do outro. Ou podemos alimentar a sensação de estarmos sendo ameaçados tentando eliminar a fonte da ameaça. É impressionante quanta energia negativa passamos nessa situação! Estamos fechando o coração para não enxergar Deus no outro. E para eliminar o dom, o talento, o diferente no outro, apelamos para alternativas não evangélicas: fofoca, rivalidade, julgar a motivação do outro, tentando rebaixá-lo diante da comunidade, no fundo invejando esse diferente que existe no outro e que gostaríamos de ter (Gl 5,13-26).

O caminho da libertação é, em primeiro lugar, admitir que nos sentimos ameaçados pelo diferente que existe no outro. Não podemos fugir dessa realidade. O segundo passo é, em espírito de oração, buscar um confronto com a sensação de estarmos sendo ameaçados, para descobrir que em geral ela não tem nenhum fundamento. Primeiro precisamos apreciar realmente o que há de diferente em nós mesmos. Nossos dons, nossos talentos e nossa personalidade também refletem o Criador. Como é necessário acolher as palavras do próprio Deus sobre nossa pessoa e sobre o que há de diferente em nós: "Você é precioso. Eu o estimo" (Is 43,1-7)! Depois disso, com grande paz, iremos acolher o diferente no outro como manifestação de Deus. Esse processo não é tão fácil quanto parece aqui no papel. Exige-se muita honestidade conosco mesmos para nos confrontar com a ameaça e chegar até a libertação. Exige-se uma grande pobreza para perceber que precisamos de libertação. Exige-se muito trabalho pessoal na oração para superar a sensação de sermos ameaçados. O Espírito pode e quer libertar-nos de tudo isso. Só falta dar-lhe espaço para fazer isso em nós. Quando se sentir ameaçado, procure dar os passos necessários e busque a libertação no Espírito Santo.

40 A TEOLOGIA DA VIDA CONSAGRADA

b) Uma comunidade perdoante

Comentei várias vezes que uma comunidade religiosa é um "bando de imperfeitos tentando viver o perfeito". E sendo imperfeitos, querendo ou não querendo, consciente ou inconscientemente, vamos ofender-nos uns aos outros. Essa é a realidade bruta de uma comunidade "apostólica". Nem Jesus escapou dessa realidade. Precisamos fazer uma leitura mais crítica da comunidade apostólica para ver como era profundamente imperfeita. Brigavam entre si, havia competição, havia infidelidade, um negou Cristo, outro o traiu. Havia, enfim, problemas humanos e espirituais entre eles, como existem em qualquer comunidade religiosa. A comunidade perfeita não existe e nunca vai existir, porque os membros por si são imperfeitos, e sua imperfeição, e até pecado, cedo ou tarde, tem de aparecer. Essa realidade causa fricção, tensão, dor, incoerência e desilusão entre os membros de uma comunidade. São Pedro pensou que estava sendo generoso quando apresentou a norma de perdoar os irmãos sete vezes. Cristo foi mais realista, estipulando a norma de perdoar até "setenta vezes sete vezes" (Mt 18,22). Cristo coloca nossos pés no chão com essa norma evangélica. Nossa realidade comunitária é um jogo entre momentos de paz e vivência gostosa em comunidade e momentos de profunda desilusão. Desilusão com minha própria pessoa, porque não estou vivendo plenamente minha consagração e continuo causando sofrimentos aos outros. Desilusão que vem da fraqueza dos outros e que causa sofrimentos em minha vida.

Diante dessa realidade humana e espiritual há dois caminhos a escolher. Um é o fechamento diante de meu irmão fraco, condenação, reclamação crônica contra os outros, brigas e a atitude decidida de não querer esquecer o outro nem lhe perdoar. Existem em nossas fraternidades exemplos escandalosos de alguns que não falam com outros por causa de alguma coisa significante ou, pior, insignificante, que aconteceu anos atrás. É a opção por viver o "inferno" do não perdão, que deixa a pessoa azeda e desagradável, não só para si, mas para todos na comunidade. Tal pessoa só espera sua chance de dirigir o assunto para

As bases teológicas da vida consagrada   *41*

aquela que causou o sofrimento em sua vida e jogar todo o seu veneno contra ela no meio da comunidade.

O outro caminho é a opção pelo perdão. Somente um perdão autêntico e cristão pode libertar-nos de nossas mágoas do passado. Somente o desejo de querer perdoar pode libertar aquele que nos ofendeu. O perdão tira meu ofensor de uma condição de "morte" para oferecer-lhe o dom da ressurreição. Perdão é a meta na vida comunitária, porque é uma atitude profética do amor de Deus entre nós, porque o Pai perdoante age assim conosco. O perdão muitas vezes é uma questão de processo. Normalmente não acontece de uma vez. Precisamos tempo para que a ferida possa fechar e para qque possamos então administrar o perdão aos outros. Mais uma vez, somente o confronto com minha ferida, numa atmosfera de oração, e vivendo numa comunidade perdoante, pode dar espaço para que a cura possa acontecer. Posso libertar-me somente se deixar que o Espírito Santo toque nessa ferida, levando-me para uma atitude de perdão. Busque e achará a libertação nesse campo.

Em geral, na vida comunitária, nossas ofensas não são tão grandes nem significativas. Mas são realidades diárias, que precisamos enfrentar. Como seria importante a comunidade deixar um espaço litúrgico para celebrar o perdão na comunidade! Ao menos uma vez por mês a comunidade deve tentar celebrar uma cerimônia de perdão. Numa liturgia pacífica e libertadora, deve haver momentos fortes para pedir perdão à comunidade por nossas ofensas contra ela, e momentos fortes para administrar o perdão aos que nos ofenderam. Deve haver também o momento para acolher nossa realidade humana, que ninguém é capaz de mudar em um dia. A comunidade precisa abrir espaço para que a pessoa possa, num ambiente de perdão, tomar a decisão adulta de mudar, até mesmo porque reconhece o dano que fez à comunidade. É a caminhada comunitária na conversão.

c) Uma comunidade de conversão

Já que somos por natureza imperfeitos, a comunidade religiosa deve evangelicamente assumir uma vida constante de conversão. A comunidade, adulta na fé, deve acolher-nos com paz quando de nossa profissão religiosa, sabendo que nem tudo "já está feito". Seja uma comunidade que afasta o conceito de "perfeccionismo já nesta vida", que atrapalha muito o andamento de uma comunidade religiosa. Seja uma comunidade que se abre diante da Palavra de Deus e dos sinais dos tempos, para deixar espaço para que Deus possa entrar na comunidade para nos levar a uma maior e mais autêntica vivência de nossa consagração. A vida religiosa, pois, é um caminhar progressivo para uma vivência cem por cento de nossa consagração, aceitando sinceramente que ainda não chegamos nem perto desses cem por cento. É um processo que vai até o "caixão". Por isso, livremente optamos por assumir a conversão em nossa vida comunitária como algo essencial e de máxima importância. É uma profunda abertura para acolher novas maneiras de pensar, de agir, de querer diante dos apelos do Espírito Santo que nos fala através do evangelho, da liturgia e da vida. É o "martírio lento" de morrer para o "velho homem" para viver o "novo homem" do evangelho. Mas a comunidade precisa de meios para poder honestamente viver essa conversão. Meios como vida de oração; momentos fortes de silêncio na comunidade; momentos de revisão de vida; momentos de leitura e estudo; momentos de confronto diante de nossas Constituições como "regra de vida". Essa conversão inclui todo o processo de eliminar as resistências para vivermos mais profeticamente o Primado do Absoluto e deixar todos nossos falsos "ídolos". Falaremos sobre isso mais tarde, no capítulo que tratará da conversão na vida consagrada.

d) Viver a gratuidade do amor de Deus

A comunidade religiosa tem por finalidade fornecer meios para que seus membros possam experimentar o amor de Deus em suas vidas e meios para responder a esse amor. Essa comunidade precisa fornecer momentos de encontro comunitário com Deus, pela liturgia, e celebrar esse amor e o processo de salvação no qual e por meio do qual Deus atua na comunidade. É uma *celebração alegre porque tudo vem de Deus, e Deus é fiel*. E a comunidade sente a necessidade de responder a essa generosidade de Deus. Deus fornece todo o necessário à comunidade para que possa experimentar seu amor e sua salvação. E a comunidade, diante desse amor e dessa salvação, quer ser uma resposta positiva e alegre. É uma comunidade que vive na pele a Providência Divina. É uma comunidade que vive a gratidão de maneira profética e litúrgica. A comunidade pára para agradecer a bondade de Deus em todos os aspectos de sua consagração vivida em comunidade. É uma comunidade sensível para captar a presença amorosa de Deus na vida dos indivíduos e da comunidade. Aí está todo o jogo de perceber o amor de Deus em nossas vidas, dando-lhe uma resposta de gratidão.

IV. A profissão pública

Os Padres do deserto nunca se colocaram como um movimento paralelo à Igreja. Segundo sua teologia, a vida religiosa somente pode ser entendida e crescer no contexto da Igreja. A vida religiosa vem da Igreja, alimenta-se na Igreja e recebe sua identidade na Igreja. Por isso, desde o começo, eles sentiram a necessidade de fazer num ato ou numa cerimônia eclesial sua profissão de querer viver o batismo de uma forma radical. A profissão deve ser feita num ato público, com membros da Igreja presentes para testemunhar esse compromisso de radicalidade batismal. O ato de consagração religiosa pertence à Igreja. Somente a Igreja pode acolher e abençoar o desejo de um batizado que quer viver seu batismo de uma forma radical e profética.

Portanto, não faço minha consagração a meu Superior Provincial, embora nossas liturgias de profissão deem essa impressão. Faço minha consagração a Deus, por meio de sua Igreja, e é a Igreja que santifica esse desejo de viver o Primado do Absoluto.

A Igreja, pois:
— *acolhe* meu desejo de viver a consagração religiosa na Igreja;
— *abençoa* esse compromisso de começar a caminhada para a vivência cem por cento da consagração;

— *promete apoiar* minha consagração com meios que me ajudem a ser fiel;

— dá-me *"uma carteira de identidade"* na Igreja; sou uma pessoa consagrada na Igreja. Esse é meu ser e minha essência dentro da Igreja.

A Congregação, pois:

— *acolhe-me* em sua fraternidade como um consagrado entre outros consagrados;

— *dá-me apoio e meios* para viver o Primado do Absoluto, que é a fonte de minha consagração;

— assumo meus *direitos e obrigações* nessa fraternidade por meio das Constituições aprovadas pela mesma Igreja;

— recebo da Congregação também *seu carisma* para viver e exercer na Igreja e no mundo.

Tudo isso deve ser feito numa cerimônia pública diante de um representante da Igreja e diante do povo de Deus, que acolhem com alegria na Igreja o novo consagrado com sua nova identidade.

Capítulo III

AS DINÂMICAS TEOLÓGICAS NA VIVÊNCIA DO PRIMADO DO ABSOLUTO

Continuando a reflexão teológica dos Padres do deserto, nós vimos que estava claro para eles que o fim da vida consagrada é a vivência da aliança do batismo em sua radicalidade. Estava claro também para eles quais seriam as quatro bases teológicas para essa vida. Agora a reflexão dos Padres concentra-se sobre algo mais prático. Como é que podemos viver tudo isso em comunidade? Quais são os meios principais que precisamos para podermos viver esse projeto de consagração em comunidade? É importante lembrar que eles estavam procurando meios para poderem viver a finalidade da vida consagrada. Estavam falando de dinâmicas que facilitariam a vivência do Primado do Absoluto. As dinâmicas que acharam não são absolutas em si, mas são construídas sobre o alicerce da aliança do batismo vivida na radicalidade. Foram esses meios que deram sentido às dinâmicas e, por isso, poderiam mudar segundo as necessidades dos tempos. O que nunca mudaria seria a finalidade. Os Padres do deserto descobriram três dinâmicas ou meios principais sobre os quais a comunidade construiu suas estruturas internas para poder viver o Primado do Absoluto. As três estruturas teológicas são: *Evangelia, Koinonia* e *Diakonia*.

I. Evangelia

Basicamente *evangelia* significa todo o trabalho para formar uma comunidade de *Fé*.

Uma comunidade religiosa é uma comunidade que *se concentra na pessoa de Deus*. Significa que Deus ocupa o lugar central nessa comunidade de fé. Deus, por meio da fé da comunidade, torna-se um membro "ativo" dessa comunidade. Deus não é uma ideologia, nem uma teoria. É Emanuel, é Deus conosco. É uma atitude profunda de fé em que os membros são os adoradores diante da Santíssima Trindade: seu Criador, seu Salvador e seu Santificador. A comunidade vive e vibra com essa presença salvadora de Deus em seu meio. É como Deus Pai que acompanhou seu povo no deserto. Deus acompanha sua comunidade de consagrados dia e noite (Êx 13,21-22).

Essa comunidade precisa necessariamente *buscar intimidade* com esse Deus que chama seus consagrados para a intimidade com ele. Deus está "apaixonado" por seus consagrados (S. Afonso). A única dinâmica que pode facilitar esse relacionamento profundo de intimidade com Deus é uma comunidade de *contemplação* e de *oração mais profunda*. A finalidade dessa dinâmica de contemplação é que os membros da comunidade tenham uma experiência do amor e da salvação de Deus. Mais uma vez isso não é teoria, mas uma experiência de fé.

Uma comunidade na fé, pois, busca *dar espaço honesto* para Deus em suas vidas. É uma comunidade que reza. É uma comunidade que alegremente convida Deus para entrar em seu meio para conversar, dirigir, animar, corrigir, mas, sobretudo, para amar os membros dessa comunidade. Deus quer que experimentemos seu amor na vida. E a comunidade, diante dessa experiência do amor de Deus, precisa entrar na dinâmica vertical para corresponder a esse amor por meio da oração contemplativa, comunitária e litúrgica. A comunidade busca proporcionar momentos de silêncio, individual e comunitário, para que seus membros possam ter tempo para encontrarem-se com o Deus a quem eles consagraram suas vidas.

Um grande problema evidente na vida religiosa é o não proporcionar esses espaços de silêncio para podermos experimentar o amor de Deus em nossas vidas. Aqui está o pior efeito do ativismo sem freios. Sem viver essa experiência de Deus os religiosos tornam-se "vazios". E pior, não temos nada para oferecer ao povo de Deus em nosso apostolado, porque nós mesmos somos "vazios".

Uma comunidade de *evangelia* também celebra a *Palavra de Deus*. A Bíblia deve ocupar um lugar central na vida da comunidade. Deus vem com sua Palavra para esclarecer e revelar sua vontade aos membros da comunidade que ficarem em profunda escuta respeitosa diante dessa Palavra. A fé, nesse sentido, significa uma abertura radical diante dos apelos do Senhor, numa obediência filial, em imitação do Filho Encarnado (Mt 14,23; Mc 6,46; Lc 6,12). Essa escuta é muito importante, especialmente na liturgia da Eucaristia. Deus fala abertamente aos seus consagrados por meio de sua Palavra. O que falta muitas vezes é uma estrutura ou dinâmica para dar o devido espaço para ouvir sua Palavra. Como ficamos tão insensíveis diante da Palavra libertadora de Deus em nossas comunidades!

Evangelia também significa que a comunidade vive a maior experiência possível de Deus, experimentando que Deus ama todos os membros dessa comunidade. Essa maior experiência de Deus é um amor pessoal a cada um de seus consagrados. A comunidade fica sensível para perceber os sinais da Copiosa Redenção e da salvação desse Deus acontecendo cada dia em suas vidas. Essa experiência do amor de Deus não pode ficar só em teorias, mas a comunidade tem de fornecer dinâmicas para que essa experiência se torne vida na comunidade. A comunidade, em diálogo amoroso, celebra esse amor e essa salvação de Deus entre seus membros. É uma comunidade que se reúne para agradecer a esse Deus "enlouquecido pelo amor por ela" (S. Afonso).

Diante desses sinais do amor e da salvação de Deus, a comunidade responde com um amor específico, tentando viver profeticamente sua consagração. Ela vive uma resposta concreta, querendo amar esse Deus "de todo seu coração", como indivíduos e como uma comunidade. A comunidade visivelmente profetiza esse amor por meio de uma vida de *culto e adoração*, mas sobretudo por meio de uma vida de busca e de vivência em tudo da vontade do Pai. Sem gestos concretos de amor, nosso amor a Deus não seria profético. Isso leva a comunidade a expressar seu amor e sua obediência de forma comunitária por meio da liturgia, que é parte essencial de qualquer comunidade religiosa. As maneiras de expressão litúrgica mudam com cada geração, mas o essencial não muda. A comunidade é chamada a viver sua fé de forma pública e litúrgica. A dimensão teológica exige não somente a oração de contemplação ("Jesus foi à montanha sozinho"), mas também a dinâmica comunitária por meio de liturgia (Jesus foi ao templo e à sinagoga para rezar em comunidade). A comunidade tem de *celebrar Deus*. Isso é *evangelia*.

Vivendo essa dinâmica, os religiosos são uma forte profecia nesse mundo pós-moderno, que fica cada vez mais insensível à presença amorosa de Deus. Uma comunidade que vive *evangelia* mostra para o mundo que seus membros optaram por uma alternativa evangélica. Os religiosos profeticamente lembram aos outros batizados na Igreja seu dever de amar a Deus por meio da oração, da liturgia e da busca da vontade do Pai como resposta concreta de amor.

II. Koinonia

Basicamente *koinonia* significa todo o trabalho para formar uma comunidade de *esperança*.

Koinonia significa que os consagrados querem viver juntos, buscando viver a mesma meta de consagração. Querem viver numa comunidade cristã de *apoio, na esperança de ser mais fiéis ao seu compromisso de consagração na Igreja*. É reconhecer que o projeto de viver a consagração não pode ser atuado a sós, sem o apoio mútuo dos coconsagrados. É assumir sinceramente a fraqueza humana diante do projeto de consagração.

Koinonia significa a busca da fraternidade e da amizade evangélica com nossos coirmãos. A vida consagrada, no passado, promoveu certas estruturas que, de fato, impossibilitaram a realização de amizades evangélicas. Havia uma desconfiança implícita, se não escrita, nas regras das congregações, que vinha dos "mestres" espirituais do século passado e que passou para nossos tempos. Havia a desconfiança que qualquer amizade na vida religiosa poderia tornar-se relacionamento homossexual ou lésbico, ou ao menos poderia "dividir o coração" impedindo-o de amar totalmente a Deus. O resultado foi a construção de barreiras, pessoais e comunitárias contra qualquer intimidade entre os membros da comunidade. Era até ensinado que qualquer amizade, fora da amizade com Cristo, era algo a ser evitado, e que certamente iria diminuir o fervor religioso. Amizade, pois, era considerada como algo negativo. O resultado desses ensinamentos, em geral, foi desastroso. Vivemos juntos, mas não nos conhecemos uns aos outros, a não ser de forma superficial. Havia pouca partilha de fé e de oração, porque isso tinha a ver com nossa afetividade, cuja manifestação deveria ser evitada a qualquer custo. Quando alguns congregados mostravam qualquer afeição humana entre si, logo eram olhados como "suspeitos" pelos formadores e superiores. Essa atitude criou certa frieza e certo medo em nossos relacionamentos humanos, o que mais tarde causaria problemas afetivos, especialmente depois da formação inicial. Muitos religiosos não foram formados para encarar, entender, integrar e acolher a normalidade afetiva em seus relacionamentos com os leigos, porque tal afetividade era proibida em seus próprios relacionamentos com os membros de sua comunidade. Graças a Deus, a nova geração de religiosos não aceita essas estruturas que tentaram formar os consagrados como criaturas "assexuadas".

A nova geração quer que existam amizades que vão além da superficialidade e que expressem uma profunda fraternidade evangélica entre os congregados. Nossas estruturas comunitárias precisam ser revistas e reavaliadas para proporcionar espaço e meios para uma atmosfera de afetividade normal entre as pessoas. Precisamos ter espaço para celebrar nossa vida de maneira humana e afetiva. Infelizmente, há uma geração de religiosos que não sabe expressar aos outros seus sentimentos, suas experiências de Deus e coisas íntimas de suas pessoas porque simplesmente isso estava ausente de sua formação inicial. A nova geração precisa respeitar essa falta em seus coirmãos mais idosos, mas também deve tentar ajudá-los a entrar nessa área de maior afetividade humana e evangélica. Uma constatação interessante. De fato, não são os mais velhos que apresentam tanta resistência nesse campo, mas a profunda insegurança que vem com a segunda idade é que atrapalha o crescimento da intimidade no contexto comunitário. São eles que mais se opõem a tentativas de partilha da fé nessa área espiritual e afetiva. Mais uma vez, precisamos mostrar que não somos uma ameaça para eles, mas estamos apresentando para eles o que Cristo mesmo vivia com sua comunidade apostólica. Precisamos de paciência evangélica.

Koinonia significa, também, uma comunidade de *apoio mútuo*, na vivência e na fidelidade de nossa consagração religiosa. É um acolher libertador do fato humano que, um dia, eu vou precisar "encostar-me" na força, na fidelidade e na compreensão dos meus coirmãos. Em minha fraqueza espiritual, psicológica e humana vou precisar dos outros. Não sou uma ilha independente, e não sou perfeito. Por outro lado, fico numa atitude de disponibilidade para acolher meu irmão em suas necessidades humanas, psicológicas e espirituais. É uma atitude evangélica de pobreza espiritual. Eu, por meio da consagração, estou num processo de caminhada para uma vivência plena da consagração, mas nem sempre fui ou serei fiel. Somente o exemplo e o apoio dos meus irmãos vão animar-me a continuar na fidelidade. É uma rejeição total da atitude de "orgulho espiritual" dos fariseus, que simplesmente não deixavam espaço, nem em si nem nos outros, para o ser "imperfeito". É uma rejeição da atitude de condenação de meus coirmãos, para poder assumir uma atitude evangélica de compreensão, perdão, mas também de confronto, para podermos superar nossos problemas, infidelidades e incoerências. Como é difícil, no contexto da pós-modernidade, com uma ênfase exagerada no individualismo, dizer aos irmãos "Eu preciso de vocês!". Mas é o único caminho de fraternidade evangélica e de libertação.

Para que essa ajuda mútua possa realmente acontecer, precisamos "dar espaço" para nossos irmãos em dificuldades. Como esse tipo de espaço falta em nossas comunidades! O ativismo exagerado escraviza-nos à ação, impedindo-nos até de perceber que alguém da comunidade está precisando de nós. E assim colocamos nossos irmãos necessitados num segundo plano de importância. É claro que esse serviço aos nossos irmãos não é necessário cada dia. Mas quando se faz necessário, devemos colocar esse espaço como *prioridade* em nossa fraternidade. Como é necessário dar amor, carinho e compreensão a nossos irmãos em momentos de dúvida, sofrimento, doença, depressão e fraqueza.

Um dos maiores apoios que podemos prestar a nossos irmãos é a vivência autêntica de nossas próprias constituições. Não no sentido dos fariseus, que o faziam para serem vistos, mas no sentido que nosso exemplo poderá animar o outro a querer viver também na fidelidade de nosso projeto comum. No fundo, nossas constituições são pistas de fidelidade na consagração. Nada é mais triste do que ser religioso sem contar com esse apoio comunitário. Essa falta desanima e leva a desistir de crescer na consagração. Sem apoio visível, é fácil também cair no comodismo.

Koinonia também significa que a comunidade se reúne para celebrar a gratuidade do amor de Deus. Celebram juntos o amor e a salvação de Deus, que está acontecendo em e por meio de todos os membros da comunidade. É um viver e vibrar com a presença amorosa de Deus no meio da comunidade e com sua Copiosa Redenção que acontece e se desenvolve cada dia de maneiras tão visíveis. *Koinonia* é um momento importante de *partilha da fé*. É o momento da liturgia e da oração comunitária. É o momento para nos animar uns aos outros na caminhada para a plena vivência de nossa consagração. A comunidade percebe e aceita que está num processo de salvação e, por isso, na liturgia ela celebra esse processo, que sempre tem momentos altos e baixos. Momentos de louvor, de gratidão, e momentos para celebrar a conversão e o perdão para nossas infidelidades.

Essa verdade questiona a maneira como celebramos esse amor e essa copiosa salvação de Deus entre nós na comunidade. Às vezes, conservamos maneiras de rezar que já são caducas e que não tocam no "coração" dos indivíduos da comunidade. Elas nos levam "à morte". Saímos de nossa oração mais frios do que um bloco de gelo. A oração comunitária não serviu para termos uma experiência do amor, do perdão, do convite de Deus para sairmos de nosso comodismo assumindo uma fidelidade maior em nossa consagração. A oração que não anima nossa consagração leva à morte e à indiferença em tudo. Falta a fé. Caímos na rotina. Falta a experiência de Deus através da *evangelia* e, por isso, quando nos reunimos para viver a *koinonia* estamos vazios da experiência de Deus. É importante fazer uma revisão de vida, ao menos duas vezes por ano, exatamente sobre como estamos rezando em comunidade. Precisamos também manter o respeito mútuo entre as gerações, para incluir todos nas diversas maneiras de rezar, buscando um ritmo sadio entre silêncio e partilha.

Vivendo essa fraternidade de amor e de liturgia, somos uma forte profecia no mundo pós-moderno. Primeiro, no sentido de vivermos uma alternativa evangélica, diferente do individualismo selvagem que o mundo acolhe hoje como um valor. Vivemos em fraternidade e na profunda partilha de tudo o que somos e temos e, por causa disso, somos alegres. Vivemos a experiência de Deus através da liturgia, que celebra o amor e a salvação de Deus exatamente no meio e por meio da comunidade. Tudo isso é profético para um mundo que apaga o sentido do sagrado e da presença de Deus. Mas, para que nossa fraternidade possa ser verdadeiramente profética, o povo de Deus e o mundo têm de ver de perto o que estamos vivendo em nossa *koinonia*. Daí vem todo o apelo dos documentos recentes para que os consagrados vivam mais nos meios populares e na inserção. Daí também o apelo para abrirmos mais nossos momentos de oração, para incluir o povo de modo que possa participar conosco e partilhar de nossa experiência de Deus através de nossa espiritualidade congregacional.

III. Diakonia

Diakonia basicamente é todo o trabalho de formar uma comunidade de *caridade*. Essa caridade é o coração de toda a dinâmica da vida consagrada. Fala do amor radical a Deus e ao próximo.

Diakonia primeiramente fala do amor a Deus e da necessidade de experimentar seu amor, incluindo tudo o que falamos acima sobre *evangelia*. A comunidade, por meio de sua vida de oração e liturgia, descobre como Deus entra em suas vidas concretamente e como Deus ama todos os membros dessa comunidade. E, tocada por esse amor de Deus, a comunidade sente a necessidade de sair de si para ser um sinal profético desse mesmo amor de Deus na Igreja e no mundo. *Diakonia* significa profetizar o amor de Deus no mundo, de maneiras visíveis e proféticas. Mas o que sustenta e alimenta essa profecia do amor de Deus no mundo é a necessária contemplação do amor de Deus na vida dos próprios consagrados. Sem a contemplação sobre o como Deus nos ama, é impossível viver uma vida autêntica de *diakonia*. A inspiração de todo o nosso amor e de nosso serviço na Igreja e no mundo vem da descoberta do amor de Deus que nos amou primeiro. Está na contemplação, pela qual descobrimos esse "Deus doador de si mesmo" (S. Afonso), que deveria ser a fonte de nossos serviços. Descobrindo esse amor de Deus, a comunidade sente a necessidade de *sair de si para doar-se aos outros*. *Diakonia*, no fundo, é o desejo de continuar em nossas pessoas o gesto do amor de Deus na Igreja e no mundo.

Essa doação de si aos outros, esse serviço, essa caridade começa sempre com os membros da própria comunidade apostólica. Lá está nossa "comunidade de base cristã", e é lá que provamos a sinceridade de nossa *diakonia*. Na comunidade deve reinar uma atmosfera de serviço mútuo, inspirado no próprio amor trinitário. A *diakonia* aqui significa, em primeiro lugar, uma partilha radical de todos os nossos bens. A *diakonia* exige uma radical disponibilidade para colocar em comum nossos dons, talentos e serviços. Mas o que faz tudo isso profético deve ser a motivação por detrás dessa doação. Se nosso serviço não for motivado pelo amor e pela caridade, ele não se mantém e, pior, não é profético. Essa doação de si aos outros na comunidade é uma das maiores manifestações da castidade evangélica. Muitas vezes, a doação de nós mesmos ao serviço de nossos coirmãos receberá respostas concretas de reconhecimento e agradecimento. Mas, às vezes, pode existir em nossa comunidade uma profunda insensibilidade que a impede de reconhecer nossos serviços e de lhes responder humanamente. É um momento difícil para a fé. Servir e não ser reconhecido é humanamente muito difícil. A tendência humana, diante da falta de resposta, é desistir e assumir uma atitude de fechamento e egoísmo. A resposta evangélica é tornar a servir alegremente mesmo diante da falta de reconhecimento. Em geral, precisamos ser muito mais sensíveis para reconhecer os serviços uns dos outros na comunidade. Não no sentido de buscar elogios, mas no sentido evangélico da pobreza e da castidade, reconhecendo Deus doador de si mesmo na pessoa de meus coirmãos (Mt 25,31-45).

Se nosso amor e nossa *diakonia* na comunidade forem autênticos, mais cedo ou tarde Deus levará a comunidade a sair de si mesma e profetizar esse amor diante dos de fora. Aqui entra todo o nosso serviço apostólico na Igreja e no mundo. Aqui entra o fato que esse serviço evangélico é específico, segundo nosso carisma congregacional. A comunidade quer ser uma continuação profética do amor de Deus. A comunidade torna-se, então, um sinal, uma profecia, uma epifania do "rosto amoroso de Deus" no mundo e na Igreja. O povo de Deus e o mundo podem enxergar o coração de Deus em nossas *diakonias*, feitas com a única motivação de amar nossos irmãos, especialmente os pobres e esquecidos que não nos podem recompensar (Lc 14,7-13). É um serviço alegre. É uma doação de si em favor dos outros sem interesse, e que muitas vezes é feito sem recompensa nem resposta humana de agradecimento. *Diakonia* é mostrar para os pobres o amor de Deus de uma forma "encarnada".

Mais uma vez: há sempre duas respostas possíveis diante da doação de nós mesmos. Uma é a resposta humana de agradecimento, que vem dos que foram servidos, e a percepção que nosso serviço vem de nossa profunda consagração a Deus. O fato de a "profecia" ser compreendida é fonte de paz, de alegria e de autorrealização humana e espiritual. A segunda reação possível é mais difícil de aceitar. É a falta de resposta humana. É o sentir-se "usado" pelos outros, até pelos pobres. É a frustração que vem quando nossa profecia não foi entendida e, por isso, não serviu para a conversão dos outros, para que assumissem o mesmo projeto evangélico de servir e doar-se aos outros que passam por necessidade. Quando essa última situação acontece, somente a intimidade com Cristo no Sacrário pode resolver nosso sentimento de fracasso, desânimo, e a tentação de não voltar a servir de novo. Somente o acontecimento do Verbo Encarnado em sua suprema doação de si mesmo pode consolar-nos e desafiar a voltar e viver a *diakonia*. Somente a contemplação do Servo Sofredor de Javé pode dar sentido para nossa vida de *diakonia*.

Aqui entra o sentido de nosso carisma congregacional. Tentamos, por meio de nossos serviços específicos, atualizar a experiência evangélica que nossos fundadores tiveram. Eles foram fortemente tocados pelo Espírito Santo para introduzir na Igreja um serviço específico. Foi um anúncio e uma denúncia de circunstâncias históricas. O trabalho atual é fazer esse anúncio e essa denúncia contemporâneas e visíveis no mundo de hoje. Há necessidade de captar o "espírito" do fundador e traduzir isso em profecia, para que todos possam entender a mensagem evangélica hoje. Não se deve continuar com estruturas caducas, que não falam mais para o mundo de hoje. É preciso traduzir essa *diakonia* em sinal que possa tocar no coração do povo hoje e que possa levá-lo à conversão.

A *diakonia*, mais do que a *evangelia* e a *koinonia*, toca profundamente no coração do povo. É até mesmo profética, porque pode ver e apreciar nossos serviços e nosso carinho para com ele; pode olhar para além de nossos serviços e ver como Deus o ama através de nosso ser e de nosso agir na *diakonia*. Normalmente há uma resposta grande e consoladora por parte do povo que, por sua vez, toca-nos o coração e leva-nos a uma experiência de Deus. Vemos o rosto do Pai na resposta generosa do povo de Deus motivada por nossos serviços. Precisamos cada vez mais

56   A TEOLOGIA DA VIDA CONSAGRADA

abrir nossas comunidades às pessoas, para que possam observar nossa *diakonia* interna como fonte de profecia. Nossa esperança é sempre que assumam o mesmo projeto de *diakonia* com suas famílias e com sua comunidade.

IV. Algumas consequências dessa tríplice dinâmica

Se um religioso vive essa tríplice dinâmica, automaticamente se coloca numa dinâmica do "vertical" e do "horizontal". O vertical seria toda a dinâmica de viver a *evangelia*, e o horizontal seriam as dinâmicas de *koinonia* e *diakonia*. O religioso, para ser fiel à sua vocação e à sua profecia no mundo e na Igreja, precisa de momentos fortes de contemplação em sua vida. Precisa "ir à montanha" em busca de Deus na intimidade. Precisa ser contemplativo no meio do barulho do mundo. Precisa ter momentos fortes "de reserva" com Deus. Momentos fortes de encontro entre os dois "amantes", Deus e seu consagrado. Somente essa dinâmica dará sentido para toda a sua saída para o horizontal. No horizontal, as congregações ativas e as contemplativas precisam exercer sua *koinonia* e sua *diakonia*. Precisam descer da montanha, para amar e servir aos membros de sua comunidade e ao povo de Deus. Pelo vertical é que somos capazes de enxergar Cristo em todos. "O que fizeram a eles, vocês fazem a mim" (Mt 25,31-46). Em poucas palavras, trata-se de assumir a mesma dinâmica do próprio Verbo Encarnado, Jesus Cristo, o qual serviu sua comunidade e o povo de Deus o dia inteiro (*koinonia* e *diakonia*) mas, de noite, ia "à montanha" em contemplação, para estar só com seu Pai, para buscar intimidade com esse Pai e para descobrir sua vontade de salvar a humanidade (*evangelia*). Quando uma dessas duas dinâmicas é fraca, a outra automaticamente também será fraca. Se alguém não reza, sua *diakonia* e sua *koinonia* são falhas especialmente em sua motivação mais profunda. Quem não serve seus irmãos e o povo de Deus também não reza com autenticidade. Essa verdade é muito importante neste tempo de ativismo exagerado, quando alguns religiosos passam quase todo o seu tempo no horizontal e quase nada no vertical. Logo o consagrado se sentirá totalmente vazio e sem ânimo. Não pode servir aos outros na *koinonia* e na *diakonia* se não for alimentado pela *evangelia*, e vice-versa. Não há aqui nenhum tipo de dualismo. O vertical ajuda a ação e o horizontal alimenta a contemplação. O importante, se não o necessário, é achar o *equilíbrio certo*, deixando um tempo honesto para Deus e um tempo honesto para o serviço dentro e fora da comunidade.

Outra dinâmica é o jogo entre a vivência comunitária da vida consagrada e a inserção no mundo. Quando estamos vivendo em comunidade, vivemos já o reino de Deus exercendo a *evangelia*, a *koinonia*, e a *diakonia*. É muito gostosa essa vivência. É lá que existem estruturas para vivermos nosso ser e nosso agir religioso. É lá que temos espaço para experimentar Deus na contemplação e no serviço aos outros na comunidade. Mas Deus logo nos manda ao mundo com a missão de profetizar. Entramos num ambiente onde muitas vezes não achamos a vivência desses mesmos valores evangélicos. O mundo ou não vive ou até rejeita os valores de *evangelia*, *koinonia* e *diakonia*. O religioso fica cansado, confuso e desiludido nesse ambiente. Portanto, precisa voltar para sua "comunidade de base", para abastecer-se e reanimar-se na vivência desses valores. Depois voltará para o mundo, para profetizar de novo. O religioso, então, vive essa dinâmica ou esse jogo entre a presença do reino (*comunidade*) e a ausência do reino (*mundo*). Esse princípio coloca-nos diante de um questionamento sério sobre a condição real de nossa comunidade. Está sendo mesmo uma fonte de reabastecimento e de reanimação para facilitar nossa profecia no mundo ou está sendo uma fonte de tristeza e desânimo, porque nela não existe a vivência desses três valores? A vida em comunidade é o compromisso de fornecer espaço para se poder viver *evangelia*, *koinonia* e *diakonia*. Nossas constituições, de fato, vão simplesmente descrevendo e especificando esses três valores evangélicos que os Padres do deserto frisaram em seus escritos ou "regras de vida".

Cada comunidade (local e provincial) precisa fazer uma séria "revisão de vida" sobre sua vivência desses três valores.

Como foi dito, nenhuma dessas dinâmicas é absoluta. São simplesmente meios para viver nossa consagração. Por isso, de vez em quando a comunidade precisa parar para se perguntar sobre o valor do meio que está vivendo, para ver se está facilitando ou não a vivência de nossa consagração em comunidade. Sobretudo, essa revisão é importante nos campos de *evangelia* e *koinonia*. Precisamos questionar-nos sobre o estilo de nossa oração comunitária. Está sendo *algo vital*, que facilita uma experiência de Deus e que anima a comunidade na vivência de *koinonia* e *diakonia*? Está sendo algo que alimenta a oração de contemplação? É uma oração que nos ajuda a enxergar Deus em tudo e em todos? É uma oração que nos ajuda a confrontar-nos com a vontade de Deus, que é o fim de toda oração? Podem existir vários problemas e bloqueios nessa revisão necessária. A diferença de gerações e os estilos de oração; a dificuldade de partilhar nossa fé com nossos coirmãos; a dificuldade de achar uma oração que seja aceitável para a maioria etc. Somente um diálogo franco e aberto poderia abrir caminhos para a busca de vários tipos de oração que possam ajudar todos a experimentar o amor de Deus em sua vida particular e comunitária. Hoje em dia, parece-me, há necessidade de maior variedade na oração comunitária, mas uma variedade que facilite a experiência de Deus e promova a fraternidade.

Capítulo IV

O SEGUIMENTO RADICAL DE JESUS CRISTO

Os Padres do deserto começaram a olhar para a pessoa de Jesus Cristo. Contemplaram especialmente seu ser e seu agir consagrados. Notaram especialmente as exigências que ele mesmo assumiu para viver sua consagração total ao Pai. Descobriram também que Cristo fazia *as mesmas exigências* àqueles que convidava a entrar para sua comunidade apostólica. Os primeiros religiosos descobriram em Cristo seu *modelo* na vivência do Primado do Absoluto e na vivência da *evangelia*, *koinonia* e *diakonia*. Se alguém queria viver essa vida consagrada, tinha de contemplar o modelo Jesus Cristo e assumir sua maneira de ser e de agir. E a contemplação de Cristo deveria levar o religioso à imitação e à continuação do próprio Cristo, o Ungido do Pai. Em poucas palavras, os Padres do deserto perceberam que sua vida consagrada precisava ser centrada no significado do convite que Cristo fez aos doze apóstolos: "Sigam-me". Quem quer ser um batizado consagrado tem de seguir Cristo, imitá-lo, assumir o mesmo caminho que ele escolheu para si mesmo para viver sua consagração e sua missão, e continuar esse Cristo profeticamente na história. A conclusão era que a vida consagrada é uma experiência de fé "por Cristo, com Cristo e em Cristo". *Toda a consagração religiosa é, portanto, "cristocêntrica"*. Cristo é o modelo e a inspiração de toda a consagração religiosa.

O primeiro momento de sua reflexão sobre o seguimento de Jesus Cristo foi quanto ao significado da frase "siga-me" nos evangelhos. Descobriram que Cristo usou essa frase frequentemente, mas com significados bem diferentes. Os Padres do deserto concentraram-se somente no significado que essa frase teve para os doze apóstolos. Certamente o convite feito aos apóstolos foi a exigência mais comprometedora de todos os convites feitos por Cristo aos seus discípulos. Foi na contemplação desse convite especial que os Padres do deserto descobriram certas exigências que eles mesmos tiveram de introduzir em suas vidas, para ser uma continuação profética da vida consagrada de Jesus Cristo. Foi nessa reflexão que os primeiros religiosos descobriam o sentido pleno da frase "siga-me", que exigia deles que assumissem em suas vidas o mesmo ser e o mesmo agir de Cristo consagrado.

I. O "rabinato" judaico

Quando Jesus começou sua vida pública depois de seu batismo, logo começou a formar uma comunidade. Para a estrutura dessa comunidade já existia na sociedade judaica um modelo. Essa estrutura era o "rabinato". O rabinato era um "internato" no qual um "rabi" ou Mestre vivia com seus "discípulos" tendo várias finalidades. Vamos examinar o rabinato judaico para ver o que Jesus usou e o que ele radicalmente mudou nessa estrutura tradicional de seu tempo.

Quando um jovem queria levar mais a sério sua fé, procurava um rabi, alguém que vivesse perfeitamente a Lei da Aliança do Sinai. O jovem procurava um rabi para ser seu "discípulo". Somente os que tinham certo nível de vida podiam fazer isso, porque a família tinha de pagar ao Mestre o ensino do filho. Para poder realizar seu sonho, o jovem tinha de temporariamente deixar sua família e ir para a casa e a comunidade do rabi. O Mestre vivia uma intensa vida comunitária com seus discípulos.

A *meta* do rabinato era uma *intensa vida de formação*. Mas a formação consistia especificamente no respeito à Lei de Moisés e a toda a tradição de leis (Talmude). O número e o conteúdo teológico dessas leis eram imensos.

A *finalidade* da entrada no rabinato era tornar-se perfeito na *observância da Lei de Moisés e das tradições*. E no dia que o discípulo tornava-se "perfeito na observância da Lei", podia separar-se do Mestre. O discípulo tornava-se "perfeito", tornava--se "rabi". Um exemplo disso é São Paulo, que foi fariseu ou rabi. Ele diz nos Atos dos Apóstolos: "Eu sou judeu, formado na escola (rabinato) de Gamaliel, seguindo a linha mais escrupulosa dos nossos antepassados" (At 22,3-4). E em Filipenses ele se descreve assim: "Quanto à Lei judaica, fariseu; quanto à justiça, que se alcança pela observância da Lei, sem reprovação" (Fl 3,5-6).

O rabinato era um *tempo forte de formação*. Poderíamos comparar o rabinato com nosso noviciado. A formação era feita de duas maneiras. Primeiro, o rabi ensinava aos discípulos todas as Leis e o espírito que estava por detrás das leis, que seriam a fonte de sua santidade. Mas igualmente importante era a educação pelo exemplo, podendo os discípulos observar o Mestre vivendo e praticando o que ensinava. Ele era, ao mesmo tempo, professor e inspiração. Era uma educação teórica e prática.

Durante sua estada na casa do rabi, os discípulos tornavam-se "empregados domésticos" do Mestre. Todos os deveres da casa eram executados pelos discípulos. O Mestre não fazia nada mais do que ensinar e inspirar. Os discípulos tinham de *mostrar um grande respeito* pelo rabi. Mostravam isso de mil maneiras, mas a maneira mais evidente era o fato de o discípulo nunca poder ficar lado a lado com o rabi quando andavam juntos. Sempre tinha de ficar um passo atrás. Dessa demonstração de respeito é que veio a frase "siga-me" ou "fique um passo atrás de mim". Se um rabi fazia a um jovem o convite "siga-me", ele o estava convidando a entrar para seu rabinato e tornar-se seu discípulo. Era uma frase técnica, cujo sentido todos conheciam.

II. O rabinato de Jesus Cristo

Quando Jesus iniciou sua vida pública depois de seu batismo, ele logo chamou certos "discípulos" a viver com ele mais intimamente. E Jesus aproveitou da estrutura tradicional do rabinato para estruturar a vida dessa comunidade. Quando Jesus chamou os doze, usou a frase técnica "siga-me" (Mt 9,9; 19,21; Mc 10,21; Jo 1,43; 21,19). Não havia nenhuma dúvida que Jesus se estava declarando "Mestre" e chamando alguns discípulos a conviver com ele. Jesus vai aproveitar algumas das estruturas tradicionais do rabinato, mas também vai mudar radicalmente algumas estruturas, que vão ser significativas para a compreensão do projeto de Jesus e dos deveres dos discípulos, e consequentemente da vida religiosa. Os Padres do deserto vão contemplar essas similaridades, diferenças e exigências especiais para entender sua própria vocação de consagração na Igreja. No fundo, um religioso sempre será o "discípulo" do único "rabi, Jesus Cristo". Alguém que quer seguir seu Mestre e viver como ele.

1. Similaridades com o rabinato judaico

O maior título de Jesus nos evangelhos é "Rabi" ou "Mestre". Isso significava que todos podiam ver que Jesus observava perfeitamente a Lei. Ele era um rabi, um "perfeito" na observância da Lei de Moisés. É interessante notar nos evangelhos que mesmo os fariseus, que acusavam Jesus de muitas coisas, sempre chamavam Jesus de "Mestre". Eles notavam sua santidade diante da Lei de Moisés (Jo 3,2).

Quando Jesus veio e chamou os doze para fazer parte de seu rabinato, ele usou a frase tradicional "siga-me". Era um convite claro para começar todo o processo formativo de viver com e aprender com o Mestre: "'Mestre, onde moras?' Jesus respondeu: 'Vinde e vede'" (Jo 1,38). Era um chamado para serem seus "discípulos". Não havia nenhuma dúvida na mente dos doze que Cristo os estava convocando para conviver com ele em seu rabinato.

Jesus passou muito de seu tempo no apostolado ativo, na formação especial e particular dos doze. Cristo pregava em parábolas. Não explicava o sentido das parábolas ao povo. Mas, logo depois, chamava os doze para um lado e explicava, somente para eles, o sentido da parábola. Muito também da formação dos doze era na linha visual. Os doze observavam como Jesus vivia o que lhes ensinava. "Depois de ver Jesus rezar, os apóstolos pediram: 'Ensina-nos a rezar'" (Lc 11,1).

Os discípulos eram os "empregados domésticos" de Jesus. Judas era o "ecônomo" da comunidade. Os apóstolos preparavam as festas religiosas (Páscoa) que celebravam juntos. Distribuíram os pães e peixes que Cristo multiplicou em favor do povo (Mt 15,29-39; Jo 6,10-13).

E, finalmente, os doze sempre mostravam um sinal externo de respeito, ficando sempre um passo atrás de Jesus. No evangelho você ouve várias vezes que Jesus parou e "olhou para trás para falar com os doze"; isso significa que eles sempre ficavam um passo atrás de Jesus, em sinal de respeito pelo Mestre (Mc 8,33; Mt 16,23; Lc 9,55).

E, a fim de seguir Jesus, os doze deixaram para trás seus familiares, para poder conviver com o Mestre (Mt 4,20-22; Mc 1,19-20; Lc 5,11).

2. As diferenças no rabinato de Jesus

Jesus mudou radicalmente duas coisas da estrutura tradicional do rabinato judaico. Os Padres do deserto descobriram nessas mudanças algo essencial para se poder viver a aliança do batismo com radicalidade. Quem quer ser religioso precisa também assumir essas mesmas estruturas cristológicas.

a) A respeito da meta

Jesus disse que em seu rabinato o mais importante não seria tanto a observância da Lei de Moisés, mas sim o espírito e a motivação que devem estar por trás da observância da lei. E esse espírito e essa motivação são os dois grandes mandamentos ou leis do Antigo e do Novo Testamentos. Essas leis deveriam abranger tudo o que somos e fazemos. É mais uma vez a grande aliança do batismo e a vivência do Primado do Absoluto.

> *"Um doutor da Lei estava ali. Aproximou-se de Jesus e perguntou: 'Qual é o primeiro de todos os mandamentos?' Jesus respondeu: 'O primeiro mandamento é este: Ouça, ó Israel! O Senhor nosso Deus é o único Senhor! Ame ao Senhor com todo o seu coração, com toda a sua alma, com todo o seu entendimento e com toda a sua força'. 'O segundo mandamento é este: Ame ao seu próximo como a si mesmo'. Não existe outro andamento mais importante do que esses dois"* (Mc 12,28-34; Mt 22,37; Lc 10,27).

Essa exigência, que Jesus dirige a todos que querem segui-lo, causou muitos problemas com os fariseus e sacerdotes, que davam prioridade à prática externa da lei, esquecendo-se do espírito que lhe deve estar por detrás (Mt 5,20; 16,6-12; Lc 6,2-11; 11,39-53).

b) A respeito da finalidade

Jesus sempre disse que ele é o único Mestre, e seus seguidores sempre serão discípulos. Não era uma questão de "tornar-se perfeito", como no rabinato tradicional, em que um dia a pessoa poderia desligar-se do rabi. *Quem segue Jesus sempre será discípulo.* Nunca vamos chegar a ser rabis. Sempre vamos precisar aprender do Mestre e observar o Mestre (*contemplação*). Precisamos de intimidade com o Mestre, que nos convidou para conviver com ele. Em vez de preparar seus discípulos para se separarem do Mestre, Cristo chamou seus seguidores para uma intimidade profunda com sua pessoa, intimidade que é para sempre.

> *"Eu sou a verdadeira videira, e meu Pai é o agricultor... Fiquem unidos a mim, e eu ficarei unido a vocês. O ramo que não fica unido à videira não pode dar frutos... Eu sou a videira e vocês são os ramos..."* (Jo 15,1-6).

III. As maneiras diferentes de seguir o Mestre

Jesus revolucionou o conceito do rabinato. Rompeu com a exclusividade de uns poucos e privilegiados que poderiam seguir um mestre e tornar-se "perfeitos". O chamado de Jesus para segui-lo foi um *chamado universal*. Convidou a todos. Ninguém ficou excluído, nem por sua condição social, nem por sua condição espiritual. Cristo chamou jovens (Mc 10,20), pobres pescadores (Mt 4,18-22), doentes e "possuídos pelo demônio" (Mt 8,16; Mc 5,2-20). Mas o que mais chocou os fariseus em seu profundo fechamento, foi o fato de Cristo ter chamado até mulheres e também grandes pecadores, que eram considerados "impuros" (Mt 9,1-8; Lc 7,36-50; Lc 15,1-32; Jo 8,1-11). Todos foram convidados a seguir a Cristo e acolhê-lo como Mestre.

Mas o que os Padres do deserto descobriram em sua contemplação foi a maneira diferente com que Cristo chamou seus discípulos. Todos foram convidados a viver em intimidade com ele, e todos foram convidados a viver com todo o seu coração os dois grandes mandamentos do Antigo e do Novo Testamentos.

Houve, porém, diferenças na maneira com que Cristo convidou alguns a segui-lo. Sua maneira de chamar os "setenta e dois" discípulos *foi diferente*. Cristo não somente pediu adesão à sua pessoa e a vivência dos dois mandamentos, mas também que eles participassem em sua missão da pregação da palavra da copiosa redenção. Por isso, ele os mandou "dois a dois" para a pregação extraordinária da palavra de Deus e para anunciar que o "reino já chegou". Isso, é claro, exigiu desses discípulos maior intimidade com o Mestre, para conhecerem melhor a mensagem da copiosa redenção a ser pregada. Exigiu mais compromisso e imitação do "Servo de Javé", que veio para cumprir esse plano salvífico do Pai (Lc 10,1-17).

Foi na contemplação da maneira de Cristo chamar os doze "discípulos-apóstolos" que os Padres do deserto vieram a entender o significado radical do convite "siga-me" e as exigências que os religiosos precisariam acolher para realmente seguir Cristo na consagração. Somente aos doze foi feito um convite todo especial para seguirem Cristo. Ele pediu que eles, como os setenta e dois discípulos, participassem em sua *missão de pregador extraordinário da palavra*. Cristo mandou os doze mais vezes, dois a dois, para anunciar o reino de Deus e preparar seu caminho, para iniciar o reino entre o povo de Deus (Mt 10,1-5;11,1; Mc 3,14; 6,7; Lc 6,1; Lc 8,1). Além de participarem na sua missão, Cristo pediu somente aos doze que eles *participassem também de seu destino, que era o sacrifício da vida em favor do reino*. Os doze iriam continuar o mesmo gesto da copiosa redenção de Cristo, o Servo de Javé, oferecendo suas vidas para salvar toda a humanidade (Is 53,1-12). Esse convite para seguir o Mestre foi um convite para uma *consagração na radicalidade* (Mc 10,32; Lc 18,31). Para poderem viver essa consagração total a Deus, Cristo colocou diante dos doze *três renúncias essenciais* para que assumissem a mesma missão e o mesmo destino do Mestre. Os Padres do deserto viram nessas três renúncias, exigências ou valores evangélicos, o único caminho para poderem viver sua própria vida consagrada. Quem quiser viver o Primado do Absoluto também precisa acolher e viver os mesmos três valores vividos por Cristo encarnado e pelos doze discípulos-apóstolos. As três renúncias falam exatamente das três tentações de Jesus no deserto, que procuravam desviar Cristo de sua missão e de seu destino como o Servo de Javé (Lc 4,1-13). Os Padres do deserto descobriram nessas três renúncias-valores a unidade de seu projeto de viver a aliança do batismo em sua radicalidade. Não se pode viver a consagração sem viver também os três valores-renúncias que Cristo mesmo viveu e apresentou aos doze para que pudessem continuar sua missão e seu destino. Foi um convite para viverem a missão-destino do Servo de Javé, que era de obediência radical à vontade salvífica do Pai (Is 42,1-9; 44,1-5; 49,1-9; 53,1-12).

Essas três renúncias-valores eram: renúncia a todos os bens materiais; renúncia a todo o parentesco e carregar a cruz em obediência radical diante da vontade do Pai. Podemos colocar tudo o que estudamos e rezamos até aqui no seguinte esquema:

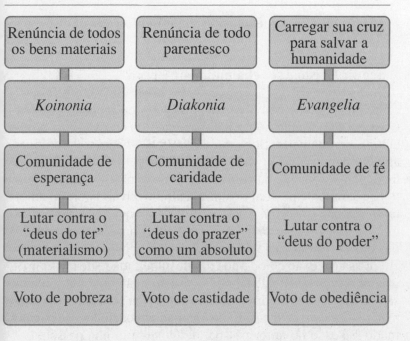

Aí está todo o projeto da vida consagrada. O fim é sempre o mesmo: a vivência radical da aliança do batismo, que significa um amor radical a Deus e ao próximo. Os meios para viver tudo isso são *evangelia*, *koinonia* e *diakonia*, vividas em comunidade. É necessário que o religioso lute contra as tendências humanas (tentações) que procuram desviar o consagrado de sua missão-destino no seguimento radical de Jesus. Mais tarde essas três renúncias evangélicas tornaram-se os três votos religiosos, mas isso somente no décimo terceiro século. Os votos são os três grandes meios evangélicos que Cristo mesmo assumiu para viver em sua vida o Primado do Absoluto. O importante é entender que os votos são os grandes meios necessários para viver a consagração, mas não constituem o cerne da própria consagração, que está na vivência radical da aliança do batismo.

IV. Algumas consequências do seguimento radical de Jesus

1. Seguir Cristo é ser chamado por Cristo

A respeito do convite para entrar em seu rabinato e seguir Cristo, é importante notar que é sempre Cristo que toma a iniciativa no chamado. Somente Cristo pode chamar e convidar alguém para segui-lo (Mc 3,13; Jo 15,16). O chamado, portanto, depende somente da vontade de Cristo e não dos dons, talentos ou santidade pessoal do convidado. Motivado por um amor todo especial para com o convidado, Cristo quer que seu consagrado esteja mais perto dele, que conviva com ele e que participe com ele na salvação da humanidade de hoje.

Essa reflexão coloca-nos diante da realidade de nossa própria pobreza espiritual. Tira de nosso coração qualquer pretensão de merecer esse convite. Jesus é quem me chama. Meu chamado é um *dom de Deus*. É um chamado vocacional. É um chamado baseado no amor pessoal de Cristo à minha pessoa. E é um dom definitivo e irrevogável (2Tm 2,13).

É necessário contemplar que meu chamado vocacional foi e continua sendo um dom pessoal. Cada história vocacional é diferente e pessoal, mas sempre baseada no amor de Deus, e não em meus méritos. A contemplação de minha vocação para seguir Jesus numa forma radical começa não tanto com o conceito de vocação, mas sim com o fato de *Deus estar "apaixonado" por mim* (S. Afonso).

Outra reflexão necessária é que Deus me convida a conviver não somente com ele, mas também com outros que ele ama tanto como eu. Como é necessário contemplar essa realidade espiritual para perceber o valor dos meus coirmãos na comunidade! Formamos uma comunidade de amor que é cristocêntrica porque ele nos amou primeiro e está no meio de nós.

Finalmente, esse seguimento radical de Cristo somente pode crescer com uma corresponsabilidade vocacional. Uma vocação é um processo. Há necessidade de crescimento. Há necessidade de conversão na pessoa do rabi, Jesus Cristo. Exige decisões concretas para amar a Deus e ao próximo com todo o nosso coração. Deus é fiel e vai fornecer todas as graças para vivermos com fidelidade essa vocação. Exige, então, nossa resposta de cooperação vocacional. Há necessidade de acolher e viver momentos de conversão na comunidade, mas sempre uma conversão cristocêntrica. Cristo é nosso modelo e somos seus discípulos.

2. Seguir Cristo é viver com ele

Conviver com alguém significa assumir todo o processo de chegar até uma comunhão de vida com essa pessoa. É uma comunhão crescente entre o Mestre e o discípulo que foi chamado a conviver com ele. Aqui entramos no campo da intimidade e da afetividade humana e espiritual. Inclui todo o processo de *conhecer* profundamente a pessoa de Jesus Cristo. Inclui todo o processo de ser "conquistado por Cristo" (Fl 3,4-14). Inclui, necessariamente, o processo de ficar apaixonado por Cristo, uma vez que o discípulo descobre que Cristo está apaixonado por sua pessoa. Nossa vida deve ser "cristocêntrica". Tudo o que somos, fazemos e temos começa e termina na pessoa de Jesus Cristo.

Essa união afetiva com Cristo, é claro, precisa de meios para que esse diálogo de amor realmente aconteça na vida e não fique somente em teorias. Precisamos ter momentos de qualidade de união com Jesus. Precisamos da oração de contemplação para estarmos a sós com Cristo na intimidade. Precisamos momentos de liturgia comunitária com o Mestre, para louvar, agradecer, pedir perdão, e momentos para curar os bloqueios que não nos deixam amar de todo o nosso coração a Deus e ao nosso próximo. Não há muita dúvida que a oração de contemplação, que é a oração de intimidade e de afetividade com Cristo, está sofrendo na vida religiosa nesses dias da pós-modernidade. Parece que os consagrados esqueceram-se de como rezar na intimidade com Deus. Mas exatamente a contemplação era a práxis do próprio Mestre para procurar intimidade com seu Pai. Há ativismo demais em nossa vida e deixamos de lado o processo de intimidade e de afetividade com Cristo. Esse ativismo precisa ser revisto e confrontado, porque muitos religiosos se sentem vazios, sem vida e desanimados. A finalidade da oração de contemplação é conhecer por experiência a pessoa do Rabi e, por Cristo, conhecer e experimentar o amor, a misericórdia e a missão do Pai. "Quem me viu, viu o Pai" (Jo 14,8-14; Jo 12,45). Viver com o Mestre não é um conhecimento superficial do Mestre. Cristo convida o consagrado para chegar até um conhecimento de sua pessoa que gera intimidade. Esse processo é parte essencial do voto de castidade. Fala de uma transformação lenta e progressiva na pessoa do Mestre. Fala de um amor íntimo, que exige uma troca de personalidades até o ponto que "eu vivo, mas já não sou eu que vivo, pois é Cristo que vive em mim" (Gl 2,20). É viver o ser e o agir de Cristo, não no sentido simbólico, mas num processo de conversão efetiva que troca o "velho homem" em mim pelo ser e pelo agir de Jesus Cristo. É viver profundamente no rabinato, observando, imitando e continuando o Mestre Jesus. Eu, pessoalmente, acredito que o caminho de conversão cristocêntrica na vida religiosa está no redescobrir a oração de contemplação de Cristo e no processo de conversão no Mestre para continuar Cristo no mundo de hoje. Sem isso, já não há profecia na vida religiosa.

3. Seguir Cristo é viver como Cristo

Viver com Cristo, como seu discípulo, significa também viver como o Mestre. É assumir todos as prioridades, estruturas e meios que o próprio Verbo Encarnado escolheu para cumprir sua missão-destino. Primeiro, o seguimento significa assumir seu ser totalmente consagrado ao Pai. É um ser que vive o Primado do Absoluto, cumprindo na radicalidade os dois grandes mandamentos: amor ao Pai e ao próximo até o "fim ou extremo" (Jo 13,1). É um ser totalmente "voltado ao Pai", em obediência radical à vontade salvífica do Pai (Jo 1,1-2). É um ser totalmente casto. É um ser pobre de fato e de espírito. É um ser que, na oração, busca intimidade com o Pai. É um ser serviçal. É um ser missionário. É assumir, com o Mestre, os quatro cânticos do Servo de Javé como seu próprio projeto de vida, para continuar o ser e o agir do Mestre. É um ser pronto a dar a vida para dar vida pelos outros (Jo 15,13). É todo o processo de observar para poder imitar e continuar Cristo aqui e agora. Exige, então, toda uma vida de conversão "em Cristo", uma conversão que seja efetiva e não teórica.

4. Seguir Cristo é compartilhar com ele sua missão

Cristo uniu sua comunidade íntima para depois mandá-los dois a dois em missão. Não é possível separar o conceito de seguimento de Cristo do aspecto da missão com Cristo. Os dois elementos formam um conjunto inseparável. Os dois aspectos formam o sentido profundo de "uma comunidade apostólica". Vivemos na intimidade com o Mestre para podermos continuar sua missão no mundo. Mas esse aspecto missionário somente pode ser efetivo se a comunidade apostólica primeiramente experimenta, individual e comunitariamente, o que vai pregar. E a mensagem evangélica era de esperança no amor, no perdão e na salvação de Deus. Foi uma mensagem de copiosa redenção. Por isso, uma comunidade apostólica precisa primeiro de *evangelia* e *koinonia* para experimentar internamente esse amor enlouquecido de Deus, para depois sair e ser missionária do reino na *diakonia*. A missão terá efeito na medida em que houver união de amor com o Mestre que dá eficácia à missão (Jo 15,1-27).

Capítulo V

A OPÇÃO FUNDAMENTAL
E A VIDA CONSAGRADA

Até este momento de nossa reflexão, tratamos dos ideais da vida consagrada segundo a teologia dos primeiros religiosos. Não podemos viver essa consagração sem voltar a refletir sobre os alicerces teológicos da vida consagrada. Ideais impulsionam-nos para uma vivência autêntica de nosso ser religioso. Agora é necessário pôr os pés no chão e entrar em algumas reflexões sobre a realização dessa vivência do Primado do Absoluto. A reflexão dessa segunda parte do livro é, ao mesmo tempo, uma consolação, mas também um chamado à conversão. Trataremos de nossa realidade humana e espiritual que precisamos conhecer, acolher e questionar para podermos viver com mais autenticidade nossa consagração na Igreja e no mundo. Falaremos de três assuntos essenciais neste capítulo e nos dois seguintes: da vida religiosa e da opção fundamental; da vida religiosa e da conversão; da vida religiosa e da espiritualidade.

Todo ser humano tem a capacidade de decidir. Tem a capacidade de fazer opções diante de várias circunstâncias que sempre aparecem em sua vida. É parte essencial de sua vida. De fato, quem fica sempre na indecisão, sem chegar até a ação, logo vai morrer. Por exemplo, se chega o momento para almoçar e eu entro na indecisão "vou almoçar ou não?", logo vai passar o horário do almoço e fico com fome. Quando vem o jantar, e continuo na mesma indecisão, logo vou morrer de fome! Para viver, o homem precisa decidir e assumir a responsabili-

A OPÇÃO FUNDAMENTAL E A VIDA CONSAGRADA   *73*

dade de suas decisões. Vamos examinar alguns princípios sobre a opção fundamental e depois aplicar esses princípios à nossa vivência da vida consagrada.

I. Primeiro princípio

Todas as decisões que tomamos não têm o mesmo nível de intensidade.

Há certas coisas que são feitas quase automaticamente, mas mesmo assim são opções. Por exemplo, acordamos de manhã e quase automaticamente cuidamos de nossa higiene pessoal. Normalmente isso é feito sem muita intensidade de opção e é feito por costume. Mas o dia que está bem frio, vai exigir mais intensidade de opção para lavar o rosto com a água fria! Sim, há muitas opções diárias que ficam na superfície de intensidade.

Mas há outras opções que exigem de nós uma intensidade mais clara e assumida. E tais decisões mais intensas começam a influenciar outras decisões de nosso dia a dia. Uma opção mais profunda, automaticamente, exige uma série de opções secundárias se a pessoa quer chegar até sua realização. Por exemplo, um jovem toma a decisão vocacional de ser médico. Isso já implica que ele tem de aplicar-se muito mais em seus estudos para poder passar no vestibular. Enquanto seus colegas vão à praia no fim de semana, ele tem de fazer a opção secundária de ficar em casa estudando para poder ser médico, sua opção mais intensa e primária. Outros colegas vão ao bar para beber algumas cervejas, mas ele tem de fazer uma opção secundária para economizar o dinheiro que vai precisar durante seus estudos. Tudo é motivado por seu mais intenso desejo, o de ser médico.

Apliquemos esse princípio a alguém que quer ser religioso. Ele tem de fazer uma porção de outras opções secundárias para poder chegar até a realização de sua opção vocacional mais intensa. Tem de estudar melhor; precisa deixar sua família e entrar na formação inicial; tem de intensificar sua vida espiritual; tem de assumir a vida em comunidade e assumir o carisma

74 A TEOLOGIA DA VIDA CONSAGRADA

daquela congregação. Todas essas decisões foram feitas para poder assumir a mais intensa opção "quero ser religioso".

Quanto maior for a decisão, tanto mais intensas precisam ser a opção central e as opções secundárias. Chegamos, então, até a "opção fundamental" que deve atingir, colorir e orientar tudo o que somos e fazemos. Deve atingir todas as nossas motivações mais profundas. Em se tratando da vida consagrada, essa opção fundamental significa o desejo de querer viver o Primado do Absoluto de uma forma radical. É querer viver a aliança do batismo de uma forma radical, que exige que essa opção atinja tudo em nossa vida. A vivência radical da aliança do batismo deve ser a motivação por detrás de todas as outras opções de minha vida. É a mais intensa possível, devendo colorir todas as outras minhas motivações na vida religiosa.

II. Segundo princípio

Eu posso ter duas opções no mesmo nível, que são até contrárias.

Com esse princípio, podemos compreender e perceber a incoerência em nossa vida. Caímos frequentemente na realidade desse princípio. Por exemplo, uma mãe faz a opção forte de amar seu filho. Essa situação gera, então, uma porção de outras opções secundárias que tornam possível realizar essa opção fundamental. Tudo o que a mãe faz em favor de seu filho é colorido por essa opção de amá-lo. O capricho que ela usa na comida e no passar a roupa dele é, no fundo, motivado pela opção mais intensa de amar o filho.

De repente, o filho ingrato faz algo que leva a mãe à opção de ter raiva do filho. A mãe, então, tem duas opções contrárias no mesmo nível: amor e raiva para com o filho. Quando isso acontece, há também uma mudança nas opções secundárias por parte da mãe. A comida naquele dia vai ter tanto sal que nem o cachorro vai querer comê-la! A roupa vai ser muito mal passada, porque a raiva contra o filho está tomando conta de suas opções secundárias. Mas o importante é reconhecer que *essa situação não muda a opção mais profunda da mãe*. Talvez essa situação de raiva possa durar alguns dias, mas a mãe não aguenta ficar nessa situação de raiva e logo voltará à sua opção mais profunda, o amor pelo seu filho. Mas por algum tempo houve uma situação de amor e raiva, duas opções contrárias. A raiva temporária não mudou a opção mais profunda de amor. A raiva atrapalhou, escondeu, enfraqueceu, mas não mudou sua opção mais profunda. Logo a mãe voltará para a opção mais fundamental.

Aplicando esse princípio, podemos ver a situação de pecado em nossa vida consagrada. Fizemos a opção fundamental de viver a aliança do batismo na radicalidade, o que é uma opção de amor radical. Fizemos a opção de amar a Deus e ao próximo na radicalidade. De repente, aparece em nossa vida a realidade de pecado, que basicamente é uma opção de não amar, seja a Deus, seja ao próximo. De novo, há uma situação de duas opções contrárias: amar e não amar. Será que um religioso, por um pecado, muda sua opção fundamental de consagração? Mais uma vez a resposta é não. Por algum tempo o religioso será infiel, incoerente, em contradição com as promessas de sua consagração. Mas ele, se for sério e autêntico, não aguenta ficar nessa situação de desamor. Buscará opções concretas para sair dessa situação. Procurará voltar para sua opção mais fundamental, amando a Deus e ao próximo de todo o seu coração. Como esse princípio é importante para nossa vida consagrada! Alguns religiosos foram formados para serem "perfeitos" e as incoerências e infidelidades de nossa vida causaram um impacto forte na sua vida. Acham difícil aceitar que na vida haja momentos de opções contrárias, isso pelo simples fato de serem imperfeitos e fracos diante do projeto de "viver a consagração cem por cento". Somente um profundo sentido de pobreza espiritual, que nos convida na fé a acolher nossa fragilidade humana, pode libertar essas pessoas formadas segundo o princípio que somente os "perfeitos" são verdadeiros religiosos. Sempre haverá incoerências e até atos livremente escolhidos contra nossa consagração. O caminho da paz e da reconciliação é assumir nossa fra-

76   A TEOLOGIA DA VIDA CONSAGRADA

queza e optar por uma contínua volta para a nossa opção mais radical: amar a Deus de todo o nosso coração e, por causa de Deus, amar nosso próximo. Falaremos mais sobre isso nos próximos princípios.

III. Terceiro princípio

A opção fundamental, enquanto predominante, pode ser somente uma de duas possibilidades.

A primeira possibilidade é uma opção fundamental pelo "EU". Isso significa que tudo será construído e motivado pelo egoísmo. *Essa é a motivação predominante.* Tudo o que sou e faço tem por finalidade satisfazer meu "eu" ou minha autossatisfação. É realmente uma situação de "pecado mortal" onde tudo é egocêntrico. A melhor definição do pecado mortal que ouvi é que a pessoa fica aprisionada dentro de um bloco de gelo. Nenhum amor sai dessa pessoa e nenhum amor chega até ela. Está cercada de seu próprio "eu" e isso a satisfaz. É um profundo individualismo, uma autossuficiência que não precisa nem de Deus, nem dos coirmãos. A pessoa opta por ficar dentro de seu próprio bloco de gelo. Mesmo atos de caridade e piedade são, no fundo, motivados pelo "eu", ou para aparecer, ou para ganhar algo do outro. Foi exatamente isso que Jesus, no Sermão da Montanha, condenou nas motivações dos fariseus.

A outra possibilidade é a opção fundamental pelo "OUTRO", seja esse "outro" Deus ou o irmão. Tudo o que somos e fazemos é dirigido e motivado "pelo outro", o que é, no fundo, a aliança do batismo vivida em sua radicalidade. Trata-se de uma moção que nos leva a sair de nós mesmos e de nosso profundo egoísmo, para poder doar-nos aos outros. É uma opção por amar. É uma opção por servir. É uma opção que quer quebrar o gelo que nos cerca e o círculo vicioso de nosso egoísmo, de nosso egocentrismo, de nosso individualismo doentio, para podermos amar e ser amados pelos outros.

A OPÇÃO FUNDAMENTAL E A VIDA CONSAGRADA

Duas considerações sobre esse princípio. Primeiro, é quase impossível viver cem por cento uma ou outra opção predominante. É impossível ser cem por cento "ruim", como é impossível ser cem por cento "bom". Há normalmente uma "mistura fina" em nossas ações e motivações. O que é importante é determinar qual é o *predominante* em minha vida consagrada: o "eu" ou "o outro". Também é uma questão de purificar nossas motivações e opções para poder direcionar tudo para "o outro" e não para o "eu".

A segunda consideração é que quem quer ser uma pessoa consagrada, precisa, necessariamente, escolher a opção fundamental para "o outro". Não pode viver a consagração se sua opção é para o "eu". Precisamos cuidar sempre de perceber em que direção está indo nossa opção fundamental e entrar na conversão quando percebemos que estamos escolhendo demais o "eu" ao invés do "outro". Mais sobre isso nos próximos princípios.

IV. Quarto princípio

Enquanto estou na opção fundamental pelo "outro", é impossível mudar minha opção fundamental para o "eu" com um ato só.

Não faz muito tempo que foi ensinado na teologia moral que podemos mudar nossa opção fundamental em um ato só. Quer dizer que posso passar de um estado de "graça" para um estado de "pecado mortal" em um só ato. Essa passagem de um estado de graça para um estado de pecado mortal é sinônimo da mudança de minha opção fundamental do "outro" para o "eu". Exemplo clássico disso era que todo ato sexual fora do casamento automaticamente causava uma mudança radical de minha opção fundamental e, por isso, me colocava em estado de pecado mortal. Por um ato, eu poderia mudar minha opção fundamental de consagração.

A teologia moral ensinava que havia somente duas espécies de pecado: pecado venial e pecado mortal. Essa distinção referia-se à recepção da Eucaristia. Se eu tivesse somente pecado venial, então, poderia comungar sem confessar. Mas se tivesse pecado mortal, precisaria confessar antes de comungar. A ênfase dessa visão moral certamente estava na lei e no pecado objetivo. Era uma questão de preto e branco, sem considerar as áreas nebulosas entre os dois. Muitas dessas colocações morais foram ensinadas sem o benefício moderno dos estudos de psicologia e da necessidade de considerar também a condição subjetiva do pecador. Podem existir condições de medo, força, ignorância, compulsividade etc., que tiram a culpabilidade completa do pecador. Por isso, a teologia moral mais recente faz distinção de três graus de pecado: pecado venial, pecado grave e pecado mortal. Para entender essa dinâmica precisamos ver a dinâmica da mudança do estado de graça para o estado de pecado mortal.

O religioso publicamente faz a opção fundamental de viver a aliança de seu batismo numa forma radical. A opção de andar no caminho estreito do evangelho, amando a Deus e ao próximo. De repente, o religioso faz a opção de não amar. Começa um desvio do caminho assumido. Não é sério seu pecado, mas mesmo assim é um desvio. A opção fundamental pelo "outro" enfraquece por causa dessa opção consciente em favor do "eu". O Espírito Santo, sempre fiel, entra em minha vida nesse momento para me avisar que estou num desvio. Aqui está um momento crítico para descobrir a verdadeira motivação do pecador. Se o pecado é de fraqueza humana, o religioso acolhe logo os apelos de conversão e já tenta sair de seu desvio. Mas se o religioso quer ficar no desvio, ele começa conscientemente a mudar sua opção fundamental. De repente, o desvio causa outros desvios que exigem uma porção de outras opções contra sua vida consagrada. O religioso já não procura rezar. Inventa desculpas para não estar na oração comunitária ou nas reuniões da comunidade. Seu apostolado é motivado cada vez mais pelo "eu" e não mais pelo reino. O desvio, então, começa a ficar sério mesmo. Mais uma vez, o Espírito Santo, sempre fiel, vem para mostrar a situação interior do religioso. E mais uma vez, o religioso precisa fazer uma opção — ou voltar e se converter, ou continuar no desvio. Note que houve necessariamente uma porção de atos conscientes para chegar até esse ponto de optar por não amar a Deus nem ao irmão. Não foi um ato isolado em si. Pouco a pouco, esse religioso agora passa de um estado de pecados veniais para uma situação "grave". Está doente espiritualmente. Está começando a "morrer" espiritual e vocacionalmente como consagrado. O Espírito Santo não para de mostrar a gravidade da doença, mas o religioso pode optar por definitivamente fechar seus ouvidos e seu coração ao Espírito Santo e optar por morrer. Em todo esse processo, o religioso optava sucessivamente pelo "eu" e, cada vez menos, pelo "outro". Pouco a pouco, está conscientemente mudando sua opção fundamental. Se insistir em ficar nesse estado de pecado "grave", sem procurar caminhos de conversão, logo vai "morrer". Logo estará dentro do bloco de gelo, onde o amor não entra e de onde não sai. O religioso passa de um estado de doença "grave" para o estado de doença "mortal". Agora o que predomina em todos os aspectos de sua vida religiosa é a opção pelo "eu". O "outro", Deus e o próximo, está quase desaparecido como a motivação de suas opções. Todo esse processo foi feito consciente e livremente. *Psicológica e espiritualmente é impossível fazer essa trajetória em um ato só.* Não é possível passar do venial para o grave e para o mortal em um ato. Enquanto a pessoa está até à situação de "grave", ela está bem doente e precisa com urgência de um "antibiótico", que é a santa comunhão. Precisa de outros remédios também, como um bom retiro dirigido, direção espiritual, ajuda de uma comunidade, oração e conversão. Enquanto o consagrado está querendo sinceramente melhorar, então deve comungar e receber a força de Cristo para "voltar à casa do Pai" (Lc 15,11-24).

V. Quinto princípio

Todo o religioso é vítima de "concupiscência" que impede que ele viva cem por cento sua opção fundamental pelo outro.

Esse princípio é muito importante para entender nossa caminhada na vida consagrada. Concupiscência foi uma palavra que São Paulo usou para descrever os efeitos do pecado original em nossa vida cristã (Rm 7,1-25). Recebemos de várias fontes alguns efeitos negativos que não nos deixam viver com "todo o nosso coração" a aliança que fizemos com Deus no dia de nossa profissão. Não fizemos nossa profissão "já perfeitos", mas, de fato, como pessoas profundamente limitadas e imperfeitas. Mesmo assim, nossa profissão religiosa foi sincera e valeu como veremos no próximo princípio.

Devemos analisar as fontes de tudo o que recebemos na vida e que age como empecilho para vivermos nossa consagração cem por cento.

1. A influência e a herança de nossos pais

Gosto de descrever essa realidade da seguinte forma: Desde o momento que o esperma do pai encontrou-se com o óvulo da mãe, nós fomos concebidos "fritos"! Geneticamente já nascemos com defeitos físicos que herdamos de nossos pais. Algumas doenças ou limitações físicas foram passadas automaticamente para nós. Há limites herdados também por causa do meio ambiente onde crescemos. Psicologicamente ganhamos dos pais alguns obstáculos na forma de complexos, especialmente o complexo de inferioridade. Também há bloqueios em nossa capacidade de amar e sermos amados se nos faltou na vida o carinho de nossos pais. Tudo isso tem efeito em nossa busca de viver cem por cento a opção fundamental de amar a Deus e ao próximo na radicalidade. Os obstáculos que recebemos de nossos pais atuam como "freios" quando queremos viver nossa consagração cem por cento.

2. A influência de minha própria história de pecado

Nessa categoria não podemos culpar ninguém. Estamos falando das vezes que nós, conscientemente, optamos por não amar e, por isso, pecamos. Cada vez que, conscientemente, optamos por pecar, nossa opção fundamental pelo "outro" enfraqueceu. A opção por não amar deixou cicatrizes em nossa opção fundamental. Por isso, a próxima vez que precisarmos optar em favor do "outro", acharemos a escolha mais difícil. O "eu" quererá predominar mais uma vez. Todos nós já experimentamos essa realidade. Exige-se um esforço maior da próxima vez para podermos optar pelo amor a Deus e ao próximo. Por exemplo, posso optar por não rezar durante uma semana, optando, portanto, por me distanciar de Deus. Quando quero voltar a rezar, encontro dificuldade para entrar em oração. Preciso de esforço maior que antes. Minha opção fundamental ficou enfraquecida. Foi o resultado do pecado livremente escolhido que causou essa dificuldade. Mais uma vez, experimentamos certos bloqueios ou freios para sermos fiéis a nossa consagração.

3. A influência da sociedade que me cerca

Queiramos ou não, somos produtos de nossa sociedade e de nosso meio ambiente. Ninguém escapa dessa realidade. Essa realidade inclui as coisas boas da pós-modernidade, mas também inclui seus frutos negativos. Somos atingidos e profundamente influenciados pelas crenças negativas e não evangélicas da pós-modernidade. Estamos constantemente sendo bombardeados pelos princípios da pós-modernidade, especialmente pelos meios de comunicação social. Os princípios negativos da pós-modernidade já entraram em nossos conventos de uma forma ou de outra: consumismo, individualismo exagerado, autor-realização sem qualquer moralidade, hedonismo, competição selvagem, escolas psicológicas que justificam tudo em nome da "liberdade". A "idolatria" moderna adora sobretudo os três "deuses falsos". O *"deus do ter"* (materialismo, consumismo, ganância que fecham nossos olhos e, pior, nosso coração aos necessitados ao nosso redor); o *"deus do prazer"* (hedonismo e a busca de qualquer prazer como um absoluto em nossa vida, até fecharmo-nos em nós mesmos, esquecendo-nos de servir e doar-nos aos outros); e, talvez, o pior de todos, o *"deus do poder"* (qualquer fascínio humano ou espiritual que usamos para poder controlar a vida dos outros na busca de dominar e escravizar nossos irmãos e exigir deles uma "adoração" de nossa própria pessoa, o que é uma rejeição total do conselho evangélico de adorar somente o Único Deus). Nós não podemos escapar da influência desses três deuses falsos e do poder que eles têm de diminuir nossa opção fundamental pelo "outro". Eles nos separam do ideal da consagração religiosa e fecham nossos olhos e nosso coração a Deus e aos nossos irmãos. Todos nós, em graus diferentes, temos traços desses três deuses falsos em nossos corações e, por isso, é fácil entender a força deles quando escolhemos o "eu" ao invés do "outro". Mais uma vez, eles atuam como bloqueios e freios em nossa opção fundamental de viver a consagração.

4. A fragilidade humana

Essa é a realidade que todos nós sentimos na pele diante do projeto de viver nossa consagração religiosa cem por cento. Queremos vivê-la, e nosso querer é sincero e santo, mas simplesmente somos incapazes e incoerentes na execução desse projeto. São Paulo descreve esse drama assim:

> *"Mas, então, não sou eu que o faço, mas o pecado que em mim habita. (...) o querer o bem está em mim, mas não sou capaz de efetuá-lo. Não faço o bem que quereria, mas o mal que não quero. (...) Deleito-me na lei de Deus, no íntimo do meu ser. Sinto, porém, nos meus membros outra lei, que luta contra a lei do meu espírito e me prende à lei do pecado que está nos meus membros. Homem infeliz que sou!"* (Rm 7,17-24).

Experimentamos, como São Paulo, "um espinho em nossa carne" (2Cor 12,7) que bloqueia a possibilidade de vivermos nossa opção fundamental. Queremos livrar-nos do espinho, mas ele não desaparece tão facilmente. Exige anos de luta e experimentamos aquele jogo de uma conquista seguida por uma derrota. Meu fundador, Santo Afonso, descreveu com humor essa fragilidade humana e sua luta constante contra seu orgulho dizendo: "Meu orgulho vai morrer dez minutos depois de minha morte!"

A conclusão importante desse princípio é que é impossível viver a opção fundamental pelo "outro" cem por cento. Sempre vamos encontrar bloqueios, freios, fragilidade humana e uma mistura fina de motivações na caminhada para a vivência dos cem por cento. Todos os santos, fundadores e fundadoras experimentaram essa realidade em suas vidas. Qualquer biografia crítica de nossos fundadores mostra como precisavam lutar contra sua fragilidade humana. Isso consola-nos e anima-nos a caminhar para a vivência do próximo princípio que, sem dúvida, santificou nossos fundadores e fundadoras.

VI. Sexto princípio

A opção fundamental na vida religiosa é exatamente o processo de assumir *nossa concupiscência e* superar *tudo o que impede a vivência do cem por cento numa vida constante de* conversão.

O primeiro passo na libertação é *assumir nossa fragilidade diante do projeto de consagração*, que não é tão fácil como parece. Assumir aqui significa que aceitamos com paz e serenidade que somos imperfeitos, pecadores, incoerentes diante do projeto de consagração. Não é um assumir falso, mas é uma das maiores manifestações de pobreza de espírito. É uma profunda aceitação de nossa realidade humana. É assumir os defeitos que herdamos de nossos pais. É assumir nossa história de pecado no passado. É assumir as influências da sociedade em nossa vida. É assumir nossa fragilidade humana. É ter uma paz profunda para aparecer diante do Senhor em toda a nossa fraqueza e sentir-nos bem na presença daquele que nos chamou e nos consagrou com todas as nossas imperfeições. Mas o assumir é somente a primeira parte desse processo. Num diálogo amoroso com Deus, em que não escondemos nossa realidade humana e fraca, percebemos que precisamos *superar esses obstáculos* que não nos deixam ser uma resposta de amor total ao Deus que nos amou primeiro. Optamos livremente por assumir o trabalho, lento e doloroso, de eliminar os obstáculos de nossa vida, que não nos deixam viver o Primado do Absoluto numa forma radical. É, no fundo, um ato de fé que Deus nos ama e nos aceita como somos, mas que também quer libertar-nos de tantas coisas, para que nosso amor seja mais humano e puro. E há somente uma maneira de fazer isso: *assumindo uma vida inteira de conversão evangélica*. Uma conversão que não fica em teorias, mas que é efetiva e realmente acontece. Uma conversão que somente pode ser motivada pelo amor e pelo desejo de viver a aliança do batismo numa forma radical. Quem quer viver esse processo de assumir, superar e entrar na conversão já fez sua opção fundamental pelo "outro" e a consagração religiosa. Quando assumimos esse processo e esse trabalho de superar os obstáculos, há paz em nosso coração, apesar da dor que vem quando nossa incoerência e nossa fragilidade aparecem. Mas quando não queremos entrar no processo, usando nossos pais, nosso passado, nossas fraquezas como desculpas para justificar nossa opção pelo "eu", então, é difícil, se não impossível, viver nossa consagração. Outro problema é quando começamos o processo de conversão, mas, por causa de certos contratempos, desistimos do processo e optamos por parar. Assim começamos a viver uma mentira. Entramos no comodismo. Professamos publicamente a consagração total de nosso ser a Deus, que inclui as coisas boas e também as coisas difíceis em nós, mas começamos a viver o oposto. Usamos a nossa vida para desculpar nossa opção em favor do comodismo e para evitar o processo de conversão. Ao invés de sermos libertados, optamos por ficar "escravizados" (Rm 7,4).

VII. Consequências que acompanham a opção fundamental pelo "outro"

A primeira consequência é a necessidade de assumir a responsabilidade de nossas opções pelo "eu". Precisamos de coragem para entrar em nosso interior e colocar o dedo na chaga que indica onde está a responsabilidade. É tão fácil colocar a culpa nos outros, como em nossos pais ou em nossos superiores, ao invés de perceber que a responsabilidade está conosco. A fonte de libertação nesse caso é a capacidade de assumir nossas motivações mais profundas. A motivação mais profunda vai dizer-nos se livremente optamos pelo "eu" ou pelo "outro". E quando descobrimos que nossa opção foi pelo "eu", então começamos com tranquilidade o caminho de conversão. Quando queremos livremente optar pelo "eu", precisamos livremente mudar essa opção pelo "outro" para sermos honestos com nossa opção fundamental e nossa consagração. É impressionante observar quantos religiosos ficam presos ao seu passado e culpam outros por sua situação atual, sem fazer nada para superar esse passado. Quem não assume a responsabilidade de suas ações, fica eternamente frustrado, optando pelo comodismo. A pessoa fica estacionada no passado, e o resultado é frustração, mágoas crônicas e uma vida azeda com críticas constantes. Quem assume seus problemas e bloqueios do passado, que ainda têm efeito no presente, igualmente precisa assumir com coragem que já não pode culpar seu passado. Esse religioso vai crescer na fé e na liberdade. O confronto consigo mesmo no silêncio do coração é o caminho de libertação. Isso exige opção clara por parar e entrar em meu interior e confrontar-me com meus sentimentos e com minhas motivações mais profundas. O silêncio coloca-nos numa atitude de humildade, que nos mostra a verdade sobre nossa opção, e isso pode libertar-nos.

Não há dúvida que houve recentemente, na vida religiosa, um fenômeno que causou insensibilidade diante da realidade do pecado em nossa vida. Por algum tempo, houve a tentativa de dizer que o pecado "pessoal" não existe. O que existe é o pecado "social" que está fora de nós. Outra fonte da insensibilidade foram as orientações de certas escolas de psicologia que convenceram alguns religiosos que não existe pecado em suas vidas porque tudo vale para satisfazer seu "eu". Tais orientações tiraram toda a responsabilidade pessoal de "pecado" de nossas vidas. Parece que não entendemos que a biografia crítica de nossos fundadores mostrou que todos eles se consideravam grandes "pecadores". Quanto mais se aproximaram de Deus e do próximo, tanto mais sensível ficou o senso do pecado em suas vidas. Há necessidade urgente hoje de achar um caminho médio. No passado, houve a tendência de ver "pecado" em tudo e, por isso, havia a necessidade de se confessar ao menos cada quinze dias. Havia muita escrupulosidade naqueles tempos. As novas orientações da teologia moral e um melhor entendimento da psicologia curaram essa tendência exagerada. Mas agora parece que a tendência é achar que nada é pecado e, por isso, não precisa confessar-se nunca. A verdade está no meio. Sim, somos pecadores e há tendências pecaminosas em todos nós. Todos nós sofremos a realidade da "concupiscência" e precisamos assumir uma maior sensibilidade diante de nossas opções pelo "eu" que nos separa de Deus e de nossos irmãos, e da vivência de nossa consagração. Há necessidade de lidar com nossos "desvios" do projeto de consagração antes que fiquem "graves". Precisamos procurar não só o perdão de Deus e de nossos irmãos no confessionário, mas também precisamos procurar a cura das fontes de nossas opções pelo "eu", para assumir o processo de conversão. Perdão e cura achamos plenamente no sacramento da reconciliação.

É importante assumir que toda a tentativa de viver a opção fundamental pelo "outro" é um *processo*. Precisamos ter a paciência de superar alguns bloqueios que estão dentro de nós, cujas raízes vêm do passado. Infelizmente, somos produtos da nossa idade tecnológica que exige eficiência e rapidez. No campo humano e espiritual as coisas não funcionam assim. Precisamos espaço e paciência para chegar até o perdão de pessoas e de acontecimentos de nosso passado. Precisamos espaço para superar hábitos de pecado que são o resultado do passado, mas também de nossa opção por alimentar a fonte desses hábitos. Precisamos espaço para o autoperdão e para o perdão às pessoas que nos marcaram negativamente no passado. Mas aqui é importante notar que precisamos, sobretudo, um confronto pacífico conosco mesmos, para não cairmos no processo de auto-justificação de nosso presente. Alguns simplesmente usam o passado para mimar-se e justificar suas atitudes não evangélicas no presente. Esse processo cristão significa que assumimos o que está dentro de nós, mas não desculpamos nossas próprias opções do presente. Esse processo significa que damos espaço para entendermos nossas reações diante de certas circunstâncias, mas precisamos ir além disso para superar essas mesmas reações. Esse processo cristão significa que assumimos nossa vida e não deixamos que nosso passado continue controlando nosso presente. Como Deus nos quer libertar de tantas coisas de nosso passado, para que possamos viver nossa consagração com mais liberdade e alegria! Às vezes quem coloca obstáculo para a cura interior somos nós mesmos. Fazemos a opção por ficar no passado, justificando nossa vida presente. Precisamos largar o passado para viver o presente, deixando que o Espírito Santo nos livre dos obstáculos, para podermos viver nossa opção fundamental na liberdade e como adultos.

Há necessidade de parar de vez em quando para examinar qual é a condição ou a "saúde" de nossa opção fundamental. Precisamos questionar-nos sobre o que é predominante em nossas opções: o "eu" ou "o outro". Podemos fazer isso nos dias de nosso retiro mensal ou anual. Não leva muito tempo. Podemos ver as categorias principais de nossa vida atual (vida de oração, de comunidade, de apostolado, de lazer etc.) e perguntar: "Qual é a motivação predominante em cada umas dessas áreas de minha vida?" As respostas indicarão as áreas que vão bem e as áreas que precisam de conversão porque o "eu" já está começando a predominar. Como é fácil entrar no comodismo e nos desvios de nossa consagração! Exige-se uma atitude de "vigilância evangélica" para primeiro perceber e depois agir contra nossos desvios, antes que se tornem "graves". A Direção Espiritual também nos ajuda a fazer esse confronto com nossas opções predominantes. E, finalmente, momentos de silêncio em nossa vida tão agitada ajudam muito nesse confronto pessoal para assumirmos caminhos de conversão. Porque onde há silêncio, o Espírito Santo pode agir, curar, consolar, desafiar e chamar-nos à conversão.

Capítulo VI

A CONVERSÃO
E A VIDA CONSAGRADA

I. Que é a conversão cristã?

Como vimos no último princípio sobre a opção fundamental, cada cristão, e mais ainda cada consagrado, precisa assumir uma vida toda de conversão em Cristo. Assumindo nossa totalidade humana, que consiste em coisas fabulosas, mas também em "concupiscências", o religioso opta por assumir o trabalho de superar esses obstáculos contra a vivência adulta do Primado do Absoluto. Há muitas definições de conversão, mas, basicamente, a conversão cristã é o processo de iniciar uma viagem para dentro de si mesmo para descobrir seu verdadeiro "eu". Lá dentro de si, o religioso procura um confronto pacífico com esse "eu" sem máscaras, sem defesas de si mesmo, sem fingimento. Por isso, toda a conversão cristã começa com a procura de momentos de silêncio, quando se pode pacificamente começar essa viagem para dentro de si mesmo. É sempre o fiel Espírito Santo que nos convida a iniciar essa viagem para dentro de nós mesmos. Ele é o agente principal em toda a conversão cristã. Ele é a luz que nos mostra a verdade sobre nosso "eu", que pode levar-nos à conversão e à libertação.

Toda a conversão é um movimento ou uma dinâmica "de" — "para". Eu me encontro em uma situação concreta de incoerência, de infidelidade e de pecado contra minha consagração, que podemos chamar de um estado "de onde". O estado "de onde" é minha situação real e verdadeira diante de minha opção fundamental por viver a consagração religiosa. É meu "eu" nu e cru, sem máscara e sem enfeite. Todo o consagrado precisa de espaço para se encontrar com seu verdadeiro "eu". É um voltar--se sobre si mesmo, especialmente em três áreas humanas e espirituais que tocam profundamente em nossas motivações e em nossa opção fundamental: nossa maneira de *pensar*; nossa maneira de *agir*; nossa maneira de *querer*.

Diante do confronto com meu verdadeiro "eu" nessas três áreas, vou sentir ou o apelo para continuar, porque estou bem em minha vivência de consagração, ou vou sentir a necessidade de mudar, porque estou sendo infiel. Conversão é fazer a opção por começar o movimento "de" uma situação de desvio "para" uma nova situação evangélica, que está de acordo com minha vida consagrada. Esse desejo de querer mudar é a conversão cristã. Para viver minha opção fundamental pelo "outro", o Espírito Santo cria em mim a necessidade de mudar minha maneira de pensar, de agir e de querer, para poder estar em sintonia com minha vida consagrada. Conversão é o desejo de ser outro. Conversão quer dizer mudar nosso ser, para viver mais nossa consagração religiosa. Mas, sem parar para ter confronto com meu verdadeiro "eu", ela simplesmente não acontece. Por isso, a primeira coisa que um religioso descarta, quando começa um desvio sério contra sua consagração, é o silêncio em qualquer forma, especialmente a oração. Porque quando há silêncio, há espaço para a ação do Espírito Santo. E assim há o convite para fazer essa viagem para dentro de si. E lá o Espírito Santo revela o verdadeiro "eu" para mim e me convida a mudar. Ele é fiel.

II. As condições necessárias para assumir a conversão

1. Estado de insatisfação

O Espírito Santo é um amigo fiel e sempre nos avisa quando estamos desviando de nossa opção fundamental de consagração. A maneira que usa para nos acordar é a insatisfação que sentimos em "nosso coração". Quando fazemos a viagem para dentro de nós, sentimos na pele que algo está errado com nossa maneira de pensar, agir ou querer. Ficamos num estado "de" incoerência com nossa opção por amar a Deus e ao próximo na radicalidade. Sentimos insatisfação de nossa condição e experimentamos a necessidade de sair dessa condição de falsidade. Sentimos a necessidade de passar "de" pecado "para" uma nova condição de vida.

O Espírito Santo pode usar qualquer meio para acordar nosso senso de insatisfação com nossa vida. É o Espírito Santo, por meio de acontecimentos exteriores a nós, que nos chama para dar uma boa olhada em nosso interior e em nossa motivação. O Espírito Santo mostra para nós o verdadeiro "eu" e as motivações por detrás do nosso pensar, agir e querer, e chama-nos à conversão para sermos mais autênticos em nossa consagração.

2. Busca de alternativas para voltar à vivência de nossa consagração

O Espírito Santo causa a insatisfação. Eu, no silêncio, acolho minha situação de incoerência e sinto-me mal diante de minha situação. Estou numa situação "da" qual eu quero sair e ir "para" uma nova situação. Para que isso aconteça, eu preciso de novas opções. Preciso de novas alternativas de pensar, agir e querer para realizar essa mudança. Sem alternativas, ficamos sempre no mesmo. Para nós, religiosos, nossas alternativas têm de ser na linha do viver a aliança do batismo com mais radicalidade. Exige-se deixar uma situação para assumir uma nova alternativa que nos liberta. Exige-se uma maior coerência de vida. É claro que esse movimento exige muita honestidade para buscar a alternativa certa. Estamos falando aqui de obediência radical para estar em sintonia com a vontade do Pai. Falamos de meios concretos que vão libertar-nos do "velho homem", para assumir o "novo homem feito na imagem de Cris-

A CONVERSÃO E A VIDA CONSAGRADA

to" (Rm 13,14). Falamos de alternativas evangélicas e concretas, e não de teorias, que vão tirar-nos de nosso egoísmo e orgulho, para assumirmos com mais coerência nosso amor a Deus e ao próximo. Conversão aqui significa a busca de alternativas concretas que somente pode ser o fruto do silêncio, da oração, da meditação e da direção espiritual. O Espírito torna as alternativas claras para nós. Mas só nós somos corresponsáveis para acolhê-las e transformá-las em vida nova. Não é uma questão de magia. É uma questão de abertura e honestidade com o Espírito Santo e conosco mesmos.

3. Necessidade de abertura e de busca de conversão

Aqui está a chave de todo o processo de conversão cristã. Abertura é uma opção clara que um religioso faz, abrindo uma porta para que o Espírito Santo possa entrar e agir nele. Sem abertura, há somente a opção de fechamento diante da ação do Espírito Santo em nossa vida consagrada. O comodismo, por exemplo, é uma opção de fechamento diante dos apelos do Espírito Santo. Abertura é a porta pela qual a insatisfação pode acontecer dentro de nós, levando-nos a buscar alternativas evangélicas. Tudo começa com a opção de abertura. Mais uma vez, o Espírito Santo pode falar ao nosso coração a qualquer momento do dia e por qualquer meio. Abertura é uma atitude e opção por estarmos atentos aos apelos que o Espírito Santo nos faz. Os meios mais evidentes são: oração, meditação, revisão de vida pessoal ou comunitária, leitura espiritual, direção espiritual, conferências, cursos, o sacramento da reconciliação e, finalmente, retiros mensais ou anuais. Podemos mencionar documentos que vêm de nossos governos gerais ou provinciais; decisões de capítulos gerais, provinciais ou de assembleias. Mas o Espírito Santo não está limitado aos meios espirituais mencionados. Pode provocar-me por meio de um livro popular, de revistas, por meio de um filme ou por meio dos acontecimentos no mundo. O Espírito Santo coloca-me diante de um espelho que não mente e que revela minha verdadeira pessoa. Assim

A TEOLOGIA DA VIDA CONSAGRADA

começa o processo de entrar em meu interior e encontrar-me com "meu próprio eu". E assim começa a insatisfação com minha pessoa e minhas motivações.

III. Dois tipos de conversão evangélica

1. A conversão "do coração"

> *"Dar-vos-ei um coração novo e em vós porei um espírito novo. Tirar-vos-ei do peito o coração de pedra e dar-vos-ei um coração de carne... fazendo que obedeçais as minhas leis e sigais e observeis os meus preceitos. (...) Purificar-vos-ei de todas as vossas imundícies"* (Ez 36,26-29).

Basicamente, a conversão do coração é *um movimento* "de" *um estado de pecado* "para" *um estado de graça*. É uma opção por deixar um estado de "coração de pedra" por um estado de "coração de carne", com a intenção de viver a consagração com mais autenticidade. Significa um confronto com nossa opção fundamental e a necessidade de sairmos de uma situação de incoerência para buscar novas alternativas na linha "do outro", seja Deus, sejam nossos irmãos.

A conversão do coração na Bíblia refere-se especialmente à idolatria. Muito da história de Israel foi uma história de infidelidades diante da aliança feita com Deus. Israel recusou amar a Deus de todo o seu coração, e por isso buscava "outros deuses" para satisfazer seu "eu". Foi essa a maior reclamação e a mais grave denúncia dos profetas do Antigo Testamento ao povo escolhido. Esse processo de infidelidade mudou o coração do povo "em pedra". No mundo, e até em nossos conventos, ainda existe a mesma situação de idolatria. Na pós-modernidade há sobretudo os três grandes deuses falsos: os deuses do "ter, prazer e poder".

O *deus do ter* é o deus do materialismo e do consumismo. Num processo de sedução, somos atraídos para as coisas materiais como fontes de autorrealização pessoal ou comunitária. E,

A CONVERSÃO E A VIDA CONSAGRADA 93

no processo, começamos a fechar nossos olhos e, pior, nossos corações a Deus e às necessidades daqueles que estão ao nosso redor na comunidade e em nossos apostolados. Coisas materiais começam a ocupar o lugar central em nosso coração. Coisas importantes e essenciais em nossa vida consagrada, logicamente, começam a ser colocadas em segundo ou até em terceiro lugar, e nosso coração começa a endurecer. A virtude da pobreza evangélica existe exatamente para lutar contra o apego e a atração das coisas materiais, mas ela começa a ser vivida mais em teoria do que na prática. Começamos a "adorar" as coisas materiais e esquecemos o Primado do Absoluto e do serviço a nossos irmãos. Começamos a mudar nossa opção fundamental do "outro" para o "eu".

O *deus "prazer"* é a adoração de qualquer prazer que colocamos como um absoluto em nossa vida. Esse prazer pode ser em qualquer campo de nossa vida. Preguiça física, intelectual e espiritual; comida e bebida em excesso; prazer sexual desnorteado; lazer exagerado, como muito tempo diante da TV e, de repente, não há mais tempo para a oração e o serviço apostólico. Começamos a cultivar esse prazer em detrimento de nossa consagração. Mais uma vez, o novo ídolo começa a fechar nosso coração a Deus e ao próximo, para termos mais tempo para cultivar esse prazer. Começamos a viver uma vida dupla. Por um lado, professamos exteriormente o amor radical a Deus e ao próximo, mas na realidade amamos somente a nós mesmos e nossos prazeres. A opção fundamental começa a enfraquecer e ficamos fechados aos apelos do Espírito Santo. Nosso coração torna-se de pedra. O prazer tomou o lugar central em nosso coração.

O *deus do poder* talvez seja o mais difícil de se detectar no começo. É o desejo forte de querer dominar outras pessoas. Usamos qualquer meio para, primeiro, atrair os outros à nossa pessoa e, depois, iniciamos um processo em que o outro é levado a depender de nós. Depois de dominá-los, exigimos deles "adoração" à nossa própria pessoa. Começamos a exigir que sigam somente nossa opinião e que façam somente o que nós determinamos, façam amizade somente com quem nós determinamos. É um tipo muito sutil de escravidão. Mas no fundo é o desejo de ser "deus" sobre eles e exigir deles adoração de nossa própria pessoa. Esquecemos totalmente que somos seguidores de Cristo que veio "para servir e não ser servido".

E é por isso que Cristo colocou as três renúncias diante dos apóstolos. Quem quer seguir Cristo radicalmente tem de lutar contra esses três deuses falsos com as virtudes da pobreza, castidade e obediência. Os conselhos evangélicos são os três remédios contra a tendência de adorar os três falsos deuses.

A conversão do coração exige movimento "de"— "para". Não fala de teorias bonitas, mas sim da opção clara e sincera de sair de uma situação de pecado para assumir uma nova situação de "coração". Fala de ações concretas. Fala de vida. Esse tipo de conversão de coração significa o abandono da adoração de "um falso deus" para acolher e adorar o único Absoluto, que é o verdadeiro Deus. É o abandono de coisas, de pessoas e de si mesmo para poder viver a aliança do batismo em sua radicalidade. O coração não tem lugar para a adoração de dois deuses (Mt 6,24). Eu preciso optar pelo verdadeiro Deus e deixar a adoração dos falsos. É preciso abandonar uma forte tendência da pós-modernidade, na vida consagrada, de justificar e racionalizar tudo em nome da autorrealização e da liberdade pessoal. Aí está um grande exagero muito forte da adoração do "eu" em prejuízo do "outro", seja Deus, seja o irmão. Conversão exige muita coragem para fazer a viagem para dentro de si, para descobrir e confrontar-se com o verdadeiro "eu." É preciso ter a honestidade de reconhecer que começamos a trocar nossos absolutos e nossas prioridades na vida consagrada. No lugar de Deus começamos a escolher o ter, o prazer e o poder. Temos de parar, reconhecer, assumir e começar a superar a adoração do falso deus, para podermos abraçar de novo o centro de toda a nossa consagração religiosa: o amor radical ao único Deus. É todo um processo de sair de nosso profundo egocentrismo e de nosso orgulho para ficar diante de nosso único Deus, que nos ama e quer libertar-nos de nossas infidelidades. Isso exige um sair "de" uma situação de opção pelo "eu" para uma opção pelo "outro". É um confronto com nossa opção fundamental.

2. Conversão cristológica

"Nem todo aquele que me diz: Senhor, Senhor, entrará no Reino dos céus, mas aquele que faz a vontade de meu Pai que está nos céus. Muitos me dirão naquele dia: Senhor, Senhor, não pregamos nós em vosso nome, e não foi em vosso nome que expulsamos demônios e fizemos milagres? E, no entanto, eu lhes direi: Nunca vos conheci. Retirai-vos de mim, operários maus!" (Mt 7,21-23)

A conversão cristológica é a passagem "de" uma leitura ideológica da pessoa e dos ensinamentos de Cristo, que não exige nenhuma conversão, "para" uma leitura que permite a Cristo entrar em nossa vida, para nos questionar e nos guiar. Muitas vezes nosso pecado está numa leitura do evangelho que justifica nossa maneira de viver nossa consagração a partir de nossas seguranças e comodismos. Podemos até manipular a Palavra de Deus para justificar nossos desvios na vivência de nossa consagração religiosa.

A conversão cristológica leva ao abandono de uma leitura sem compromisso, para chegarmos até a verdade sobre a nossa vida religiosa. É o abandono de uma leitura "gostosa" e "toda azul" do evangelho, para podermos acolher o apelo para viver a mesma missão e o mesmo destino de Jesus, em toda a sua radicalidade. É uma leitura que nos leva para um seguimento sincero de Cristo. A finalidade de toda a conversão, nessa linha, é chegarmos a uma abertura diante da vontade do Pai, em tudo e em todas as realidades de nossa existência religiosa. Essa conversão significa a descoberta do verdadeiro sentido de obediência: *ouvir a voz de Deus.*

A conversão cristológica significa que nossa existência, individual e comunitária, precisa ser radicalmente questionada. Uma leitura manipulada de Cristo, pode até usar as palavras de Cristo para justificar nossa opção pelo comodismo. Adaptamos o evangelho para justificar nossas decisões já feitas, e que tentam esconder nossa vida falsa. Nesse sentido, usamos Cristo e suas palavras para simplesmente dar apoio ao nosso comodismo já aceito como uma opção de vida.

96 A TEOLOGIA DA VIDA CONSAGRADA

Esse perigo existe primeiramente em nossa própria vida individual. A fuga da verdade para seguir um desvio sempre começa lá dentro de nós mesmos. Mas esse tipo de justificação surge como um perigo em nossos discernimentos e nas decisões tomadas em comunidade, em assembleias, em capítulos provinciais. Manipulamos a Palavra de Deus para justificar nossos desvios comunitários, especialmente na vivência profética dos três votos. Por exemplo, podemos manipular as palavras de Jesus para justificar uma vida que já não é pobre, nem de fato, nem de espírito. Podemos usar as palavras de Jesus para justificar nossa desobediência e nossa surdez diante dos apelos dos sinais dos tempos, que exigem de nós conversão.

Toda a conversão nesse sentido exige o abandono de compromissos com um Cristo "conformista", que não exige nenhuma mudança, "para" um Cristo que foi e é dom radical de si mesmo ao Pai e a seu plano salvífico da humanidade. É o abandono de uma opção clara pelo "eu", para assumirmos nossa opção radical pelo "outro".

IV. Os obstáculos para conversão na vida consagrada

1. Medo

Uma conversão, que exige um sair "de" "para", causa em nós várias reações naturais e espirituais. Alguns sentem grande insegurança no sair "de" uma posição de conforto "para" buscar o incerto, em novas alternativas. Mas a reação mais comum é o medo. Quase todos os profetas sentiram esse medo. Por isso, Deus dizia logo depois de pedir uma mudança na vida deles: "Não tenha medo, estarei com você!" (Êx 3,12; Jr 1,8).

O medo nasce do seguimento radical de Jesus e da necessidade de assumir hoje o mesmo destino de Jesus, destino que exige a cruz em nossas vidas. A cruz sempre vai aparecer na vida daquele que quer seguir a Cristo radicalmente. Mas a cruz causa medo, que pode criar forte resistência. Ficamos parados e

A CONVERSÃO E A VIDA CONSAGRADA

temos medo de lançar-nos no movimento "de" — "para". O grande remédio contra o medo é a fé. No silêncio do coração precisamos rever nosso passado e as cruzes que apareceram em nossas vidas. Precisamos rever na fé como Deus sempre foi fiel, ficando ao nosso lado: "Não tenha medo pois estou com você" (Is 43,5). E como Deus foi fiel em mandar-nos "anjos" nesses momentos para nos consolar! "Anjos" são aquelas pessoas que apareceram em nossa vida, para nos ajudar a carregar nossas cruzes. Foram mensageiros de Deus para nos consolar, mas também para assumir nossa cruz. E, finalmente, a fé que Deus não é nenhum carrasco a exigir que carreguemos acima de nossas forças. Precisamos, no meio de nossos sofrimentos, contemplar os quatro cânticos do Servo de Javé, para assumirmos sua atitude de obediência e oblação (Is 42,1-9; 44,1-8; 49,1-8; 53,1-12).

2. Rigidez de costumes

Nenhuma estrutura em nossa vida consagrada é um absoluto. As estruturas mudam e necessariamente devem mudar com o tempo. Novas maneiras de rezar, de viver em comunidade, de exercer apostolados precisam animar nossa vida consagrada. Mas diante "do novo", que exige um sair "do" costume "para" assumir o novo, surge em alguns uma forte reação de *resistência*. Para não assumir a conversão, tais pessoas apelam para o "costume" como um absoluto, não sendo, por isso, permitido mudar. Há uma rigidez do "coração" que resiste a qualquer mudança para sairmos de nosso comodismo. A resistência mostra-se num grande esforço para derrubar o "novo" em nome da "santidade de costumes" que já são caducos e que nada mais significam para a nova geração de confrades. Apelam para a "lealdade" aos costumes e acusam os que mudam, como sendo definitivamente infiéis ao fundador. É uma opção mais pela morte do que pela vida.

A conversão, nesse sentido, exige abertura para o novo. Precisamos manter o "espírito" de nossas tradições legítimas, mas também precisamos rever e reavaliar nossa maneira de viver esse espírito. O mais importante é a essência da tradição e não a maneira com que sempre foi vivida.

Esse perigo surge especialmente nos momentos de discernimento em capítulos e em assembleias provinciais. Precisamos ter a coragem de reconhecer que certas estruturas estão caducas, sendo preciso lançar-nos no novo dirigidos pelo Espírito Santo. Precisamos ter a coragem de nos confrontar com nossas resistências, que nos levam a justificar tudo "porque sempre foi feito assim!"

3. Comodismo

Sem dúvida, o maior obstáculo para a conversão na vida consagrada é o comodismo. O comodismo é uma opção por não querer crescer. O religioso atinge certo grau em sua consagração e diz "chega!". Conscientemente, opta por não mais caminhar para os cem por cento. Ele chega até certa porcentagem de doação de si e dramaticamente para. E tudo para. A pessoa consagrada opta por fazer o mínimo em tudo. Oração individual quase não existe. Faz a oração com a comunidade, mais por conveniência do que por princípio. A participação na comunidade é a mínima possível. Seu serviço e sua doação no apostolado são mínimos. Passa horas exageradas no lazer. Reclama de tudo e de todos. Nunca busca a abertura ao Espírito Santo e, por isso, nunca lê, não faz retiros, não participa da caminhada da Província nas assembleias e capítulos. Seu princípio de vida é fazer o mínimo e "deixe-me em paz". Infelizmente, sua opção tem consequências no resto da comunidade, que sofre com seu modo comodista de viver. Atrapalha a caminhada da comunidade, porque sempre tenta derrubar qualquer passo de conversão que a comunidade decida, porque sabe que tal passo vai interferir em sua vida acomodada.

Nesse caso a conversão acontece somente se a pessoa quer. Pessoas nessa situação precisam de uma conversão radical. Precisam fazer um bom retiro dirigido. Precisam redescobrir o sentido da consagração. Precisam do apoio de uma comunidade

A CONVERSÃO E A VIDA CONSAGRADA

que os ajude a caminhar de novo. Precisam voltar para sua opção fundamental pelo "outro" e deixar sua caminhada para o "eu". Precisam de um confronto caridoso com o Superior e com a comunidade local. No passado, deixamos pessoas que optaram pelo comodismo viverem sua opção até que essa opção começou a interferir na caminhada da comunidade. Hoje, essas pessoas precisam ser enfrentadas carinhosa mas firmemente pela comunidade antes que comecem a prejudicá-la; faça-se o possível para ajudá-las a superar esse momento difícil em sua consagração.

4. Ativismo exagerado

A maioria de nós pertence a congregações ativas e apostólicas. Gastamos muito de nosso tempo e de nossas energias em algum serviço e no exercício de nosso carisma. Mas há alguns que fazem uma opção por um ativismo exagerado que, no fundo, é uma opção por impedir que a conversão aconteça em suas vidas. É uma opção pela fuga de nossas realidades espirituais e comunitárias. O ativismo exagerado seria a opção por substituir elementos essenciais na vida de consagração por uma atividade sem freios. Quem corre do nascer até o pôr do sol cada dia, sete dias por semana, já fez uma opção por não rezar individual e comunitariamente, porque "não há tempo!". "Não há tempo" para assistir às reuniões da comunidade. Nunca faz o retiro mensal nem anual, "porque o trabalho é mais importante". Tem medo do silêncio, porque sabe que vai descobrir o verdadeiro eu, que acusará sua resistência diante dos apelos de conversão. Duas coisas acontecem com a pessoa consagrada que faz essa opção. Fica surda diante dos apelos à conversão e começa a ficar seca e desanimada por dentro, e perde o sentido da vida. Diz que é religioso, mas, no fundo, nada mais é do que um "funcionário". Começa a viver uma vida sem sentido, porque não busca as fontes que poderiam dar sentido para sua vida. Reclama que tem tantas coisas a fazer, mas não deixa que ninguém na comunidade o ajude para ter tempo de rezar, ler ou fazer um retiro.

Somente um confronto honesto consigo mesma pode libertar essa pessoa. A conversão vem somente quando há uma opção clara por parar e reorganizar a vida, para poder assumir de novo o que dá alimento para sua vida consagrada. Precisa de direção espiritual, para ter um confronto mensal com sua vida consagrada e com sua experiência de Deus, que a chama para a conversão. Sem momentos sinceros de silêncio em nossa vida tão ativa, logo o ativismo exagerado toma conta de nós. É como uma escravidão. Precisamos assumir momentos de qualidade, para estar sozinhos no silêncio com Deus e conosco mesmos. Somente esses encontros dão sentido ao nosso ativismo e aos nossos apostolados. Somente esse silêncio nos dirige para dentro de nós, onde nos encontramos com Deus e com nosso verdadeiro "eu". E o silêncio, nesse momento, tem de ser uma opção clara e assumida na vida consagrada. Somente o encontro com Deus, no silêncio, dará sentido ao meu ativismo e aos meus apostolados.

Capítulo VII

A ESPIRITUALIDADE
E A VIDA CONSAGRADA

É impossível viver o Primado do Absoluto sem viver uma espiritualidade. Sem espiritualidade é impossível sustentar a consagração. A finalidade de qualquer espiritualidade, seja eclesial, litúrgica ou congregacional, é buscar *meios para experimentar Deus*. Sem experimentar Deus, especialmente seu amor e o processo de sua copiosa redenção em nossa vida, é impossível sustentar uma vida de consagração. Precisamos, primeiro, experimentar seu amor, para poder responder com amor e com uma resposta concreta de consagração. Não se pode consagrar a vida radicalmente a uma ideia filosófica, nem teológica. Essas teorias, totalmente impessoais, não podem sustentar um compromisso que toca em nossa opção fundamental para o resto da vida.

Toda espiritualidade é um processo de "namoro" entre um Deus amante e seu consagrado amado. É um processo de intimidade, que causa em nós amor e salvação. É um processo de graça, que vem do coração amante de Deus. O processo começa quando descubro que esse Deus é uma *pessoa*. E sendo uma pessoa, posso entrar num profundo diálogo com ela. Posso amar e ser amado por ela. A própria consagração é uma aliança de amor entre Deus e seu escolhido.

Mas o processo de intimidade, diálogo e consagração não acontecem automaticamente, nem por magia. O processo exige disciplina. Exige tempo de qualidade, quando os dois "aman-

102   A TEOLOGIA DA VIDA CONSAGRADA

tes" estão juntos em diálogo profundo. Exige tempo para amar e ser amado. Mas o processo não acontece sem espiritualidade. Espiritualidade, portanto, não pode ser reduzida a coisas puramente espirituais ou a lugares sagrados, como nossas Igrejas e capelas. Deus está em tudo e em todos. Posso experimentar sua pessoa e seu amor a qualquer momento do dia. Espiritualidade, portanto, é *qualquer meio que me faz sensível para a presença de Deus em minha vida*. Não há dualismo na espiritualidade cristã. Deus está tanto no "sagrado" quanto no "profano" e no secular. Espiritualidade é a disciplina para tornar-se sensível, para captar essa presença amorosa de Deus, para "curtir" essa presença e, finalmente, responder a essa presença com amor igual. O amor que recebemos de Deus exige uma resposta de amor de nossa parte. A espiritualidade fornece os meios para desfrutar dessa presença e responder a essa presença. Espiritualidade é um processo de amar e ser amado. Sem espiritualidade, ficamos insensíveis e "duros de coração" (Jr 11,8). Sem espiritualidade ficamos "secos" e sem vida em nossa consagração (Ez 37,1-14). Espiritualidade não é uma opção qualquer na vida consagrada. É uma necessidade absoluta.

I. Três momentos humanos na busca de espiritualidade

Na busca de integração em nossa espiritualidade, o homem e a mulher passam por três momentos distintos, mas não exclusivos. O que causa a integração é exatamente uma vida de espiritualidade. O que há de comum nos três momentos é a busca da presença de Deus. A espiritualidade teria como tarefa acordar nosso "coração", para perceber a presença amorosa de Deus em nós e fora de nós. A espiritualidade cristã rejeita qualquer dualismo que queira limitar a presença de Deus a lugares e situações específicas. Deus está sempre presente. O que falta é nossa sensibilidade para captar sua presença. Precisamos, então, de espiritualidade para nos fazer mais sensíveis a essa presença amorosa e salvadora.

1. Vida dentro de nós
— o primeiro momento de espiritualidade

A vida interior:

— É aquele momento humano, quando a pessoa está fechada em si mesma; quando faz essa viagem para "dentro de si" e, no silêncio, encontra-se consigo mesma e com seu verdadeiro "eu".

— Existe quando a pessoa é capaz de desfrutar de momentos importantes de silêncio em sua vida e tenta tornar mais fácil essa viagem para dentro de si. A pessoa, de propósito, busca esses momentos de silêncio. Não tem medo do silêncio que normalmente causa confronto com o verdadeiro "eu". Confronto não significa crise, mas sim a busca da verdade que liberta.

— Significa que a pessoa é capaz de ter intimidade consigo mesma, de conhecer e apreciar sua totalidade: seus dons e talentos, mas também suas limitações físicas, psicológicas e espirituais. Essa pessoa não se assusta com seu verdadeiro "eu". Percebe onde está e o que precisa fazer para melhorar sua situação real. É uma autoaceitação no sentido cristão. É amar-se a si mesmo.

— Significa que uma pessoa é capaz de gostar de si mesma. Significa que não precisa "sonhar" sobre sua realidade, mas é capaz de tirar suas "máscaras" para poder dialogar consigo mesma na paz e na serenidade.

— Significa que a pessoa é capaz de assumir a responsabilidade por suas ações e decisões, sendo capaz de avaliar sua vida. É capaz de uma autoanálise sadia e sem exageros. Sente-se em paz consigo mesma.

— Significa que a pessoa é capaz de rezar. Uma pessoa capaz de encontrar-se com Deus dentro de "seu templo" e deixar que Deus a ame tal como é, dando-lhe a resposta de seu próprio amor. É um diálogo de "corações".

O que estraga essa parte essencial de nosso ser?

— Há barulho demais em nosso mundo moderno. As pessoas têm medo de silêncio, porque têm medo de encontrar-se consigo mesmas. Quando vem o silêncio, automaticamente começa a viagem para dentro de si e o encontro com o verdadeiro "eu". Barulho é um meio para evitar dar início a esse processo. Enquanto não há silêncio, posso escapar da vida interior e do encontro comigo mesmo. Fugir do silêncio normalmente é uma opção consciente. Antigamente, havia certa estrutura de silêncio em nossos conventos, que facilitava o processo da vida interior. Agora isso desapareceu com o surgimento de comunidades menores e inseridas nos meios populares, como o rádio, a televisão etc. Tudo é fabricado para tirar nossa atenção de nós mesmos e da pessoa de Deus em nosso templo. Precisamos recuperar a estrutura de momentos de silêncio comunitário, para podermos fazer a viagem para dentro de nós, para encontrar-nos com o nosso íntimo e com Deus.

— Outra coisa que estraga a vida interior é a autoanálise que se limita a ser somente autoanálise. Essa situação pode bloquear a possibilidade de encontrar-se com Deus, porque quer encher o espaço de silêncio apenas com seu "ego". Portanto, é outro tipo de "barulho", causado pela busca exclusiva de mim mesmo e da minha própria pessoa. Assim não haverá espaço para experimentar Deus. O espaço já está ocupado com apenas o meu "eu".

2. Vida fora de nós
— o segundo momento de espiritualidade

— "Vida exterior" significa que a pessoa é capaz de sair de si para encontrar outras realidades fora de seu próprio "eu".

— A vida fora de si significa que a pessoa tem uma atitude de abertura para perceber que há valores fora dela em pessoas e acontecimentos. Tem a capacidade de abertura diante do di-

A ESPIRITUALIDADE E A VIDA CONSAGRADA

ferente. Pode apreciar e aprender com outras pessoas e com seus valores. Essa pessoa não se sente ameaçada pelo diferente. É capaz de contemplar o diferente como manifestação de Deus fora dela mesma e, por isso, é capaz de experimentar Deus fora de si.

— Significa que uma pessoa é capaz de perceber que outros têm necessidades como ela mesma, sendo capaz de avaliar e de tentar satisfazer essas necessidades. É capaz de sair de si para amar, servir e doar-se.

— Significa a capacidade de celebrar a Deus na liturgia em companhia de outros. A fé, que nasce de sua vida interior, é partilhada comunitariamente com todos.

— Significa que a pessoa é capaz de celebrar a vida. Pessoa que é alegre e se alegra com a alegria dos outros. É capaz de acolher os sentimentos dos outros. É sensível às necessidades dos outros.

— Significa uma pessoa que é capaz de fomentar e sustentar relacionamentos com outras pessoas. É capaz de criar intimidade com pessoas. É capaz de amar e ser amado.

— É uma pessoa que é capaz de parar e levar para seu interior a experiência exterior para enriquecer sua vida. Uma pessoa que sente a necessidade de aprofundar dentro de si o que acontece fora de si.

O que estraga esse elemento humano essencial de nosso ser?

— A superficialidade de relacionamentos pode estragar esse elemento em nós. Ficamos tão superficiais em nossos relacionamentos que nunca aprofundamos as pessoas e os acontecimentos fora de nós. Não levamos tudo para o interior, para analisar, desfrutar e perceber a presença de Deus fora de nós. Vemos tudo, mas não paramos para entender tudo.

— Ativismo exagerado também estraga essa parte de nosso ser. Concentramo-nos tanto no "fazer" e nas tarefas que não ligamos para as pessoas ao nosso redor. De repente, coisas e afazeres tornam-se mais importantes do que as pessoas que nos cercam. Vem, então, o grande perigo de usar as pessoas

106 A TEOLOGIA DA VIDA CONSAGRADA

para nossas próprias finalidades. Usamos as pessoas para preencher o vazio dentro de nós. Esse ativismo pode ser usado como desculpa para não se encontrar consigo mesmo. É a fuga de qualquer silêncio, porque o silêncio nos levaria para dentro de nós mesmos, onde vamos descobrir nosso egoísmo e nossa superficialidade. É um relacionamento que não compromete. Não exige sair de nós para doar-nos, servir e amar.

3. A dimensão de espiritualidade
— o momento-chave da espiritualidade

— Essa dimensão de espiritualidade é a dinâmica com que eu quebro o círculo fechado, na vida interior ou na exterior, para abrir um espaço para que Deus possa entrar. Quebro o fechamento egocêntrico, para poder experimentar a presença de Deus. E Deus pode aparecer quando estou ou "dentro de mim" ou "fora de mim".

— Essa dimensão de espiritualidade é uma "vigilância" para captar a presença amorosa e salvadora de Deus dentro de mim ou fora de mim. É o momento de parar e deixar um espaço para experimentar Deus, sempre que reconheço sua presença. É o momento de tirar o "eu" do centro e deixar que Deus ocupe esse espaço. Normalmente esse momento de reconhecer essa presença de Deus e dar-lhe uma resposta é curto e simples, mas mesmo assim é contemplação.

— A dimensão de espiritualidade é assumir a atitude de criatura diante do Criador. É assumir uma atitude de culto e adoração diante de um Deus que frequentemente quer entrar em minha vida. É reconhecer que Deus pode e quer estar comigo em todos os momentos de minha vida.

O que estraga esse elemento em nossa vida?

— O que mais estraga essa possibilidade de reconhecer Deus em todos e em tudo é o profundo orgulho, o individualismo exagerado, a autossuficiência do homem pós-moderno. Simplesmente fechamos o círculo em nós mesmos e não permitimos que Deus entre e continue presente. Ficamos autossuficientes. "Não precisamos de Deus" é a atitude que mais bloqueia a presença de Deus em nós ou fora de nós.

— O adorar "outros deuses" faz-nos totalmente insensíveis para enxergar o verdadeiro Deus, quando se manifesta em nós ou fora de nós. Ficamos "seduzidos" pelo materialismo, pelo prazer e pelo poder, que tornam impossível a abertura para reconhecer e experimentar Deus em nossa vida. Ficamos cegos à presença de Deus em nossa vida. Optamos por adorar outros deuses, e o verdadeiro Deus fica fora do círculo de nosso interior ou de nosso exterior.

— Pode também faltar em nossa vida a disciplina, que nos torna sensíveis à presença de Deus em nossa vida. Usamos Deus, ao invés de amá-lo em nossa vida. Quando precisamos de Deus, nós o buscamos, mas logo depois o descartamos porque já não precisamos dele. Essa é uma busca totalmente egoísta de Deus. Não há amor. Deus é mais um produto para nosso consumismo. Há somente interesse pessoal. Orgulho e egoísmo fecham o círculo e Deus não pode entrar. Deus fica marginalizado.

Concluindo, podemos dizer que espiritualidade é o meio de integrar as três dimensões humanas, para ter uma experiência de Deus em qualquer momento de nosso dia. A espiritualidade facilita a sensibilidade para perceber a presença de Deus em nós (vida interior) e fora de nós (vida exterior).

III. Alguns princípios de espiritualidade

1. Espiritualidade é viver o momento da graça

Espiritualidade é viver o momento em que Deus aparece em nossa vida. Deus quer estar conosco de infinitas maneiras.

Deus quer estar conosco "dentro" e "fora" de nós. Quer que experimentemos seu amor frequentemente e não só de vez em quando. Mas o perigo é pensar que somos nós que controlamos sua presença. Deus não é controlado e limitado por nossos esforços. Por causa de nosso orgulho, a compreensão disso torna-se muito difícil. Não podemos manipular a Deus ou usar fórmulas mágicas para exigir que Deus apareça quando determinamos. Às vezes, vamos atrás de tantos "meios mágicos" para tentar manipulá-lo. Pensamos que nossos "meios" são mais poderosos que o amor e a presença de Deus em nossa vida. É claro que buscamos novos meios para nos ajudar. Mas, de repente, o meio, o método, a norma tornam-se mais importantes do que a pessoa de Deus. Espiritualidade é humildade. Espiritualidade é uma profunda espera da presença de Deus em nossa vida. Ele pode aparecer tanto no "sagrado" como no "profano". Espiritualidade não é buscar controlar Deus, mas humildemente acolher sua presença quando se apresenta. É *reconhecer, acolher, desfrutar essa presença amorosa e salvadora e responder a ela*, a qualquer momento do dia ou da noite.

2. Espiritualidade não é teoria, mas vida

Espiritualidade não é um estudo de teorias. Precisa chegar até atos concretos na vida para ser uma espiritualidade autêntica. É uma opção de vida que exige disciplina e constância. É todo um esforço para buscar Deus em tudo e chegar até um relacionamento de amor mútuo com esse Deus. Deve chegar também até atos concretos de amor ao próximo. Não pode ser uma espiritualidade centrada em si mesma. Precisamos acordar nossa sensibilidade para enxergar Deus especialmente nos acontecimentos simples da vida. Exige-se todo o esforço para dar *um espaço honesto para Deus em nossas vidas consagradas*. Exige-se a disciplina da oração diária, da leitura bíblica, do enxergar Deus no apostolado e nas coisas mundanas. Exige prioridade em nossa vida consagrada.

A ESPIRITUALIDADE E A VIDA CONSAGRADA 109

É fato notável que muitos religiosos não experimentam Deus porque não dão os passos para experimentá-lo em sua vida. Falta oração de contemplação ou de intimidade. Faltam momentos de silêncio. Falta a sensibilidade para parar e perceber "a mão de Deus" nos acontecimentos simples da vida. Em poucas palavras, falta a seriedade de assumir o "trabalho duro" de buscar a presença amorosa de Deus em nossa vida. Queremos uma maneira fácil de experimentar Deus, o que, de fato, não é tão fácil assim. Exige trabalho e, infelizmente, os esforços não são proporcionais aos efeitos. Somos filhos da idade tecnológica, onde rapidez e eficiência são as normas absolutas de sucesso. Mas, na busca de relacionamento amoroso com Deus, essas normas não funcionam. É duro rezar e ser constante na oração! Muitas vezes, ficamos na secura total. Ficamos somente com a pura fé. O homem moderno não aguenta isso e logo desiste da busca e da espera que a oração exige. Ele quer controlar a Deus.

Espiritualidade, então, tem por finalidade acabar com o divórcio entre a fé e a vida, tentando eliminar uma espiritualidade mais individualista que comunitária, mais particular que social, mais devocional do que bíblico-litúrgica.

3. Toda espiritualidade começa com um "crer" ou um ato de fé

Toda espiritualidade começa no acreditar em um fato básico de nossa fé: que *Deus me ama ou, mais ainda, que Deus está apaixonado por mim*! Espiritualidade é acreditar que a vida consagrada é um processo para chegar até um relacionamento íntimo com o Deus que me chamou à consagração. Esse relacionamento não pode ficar no "saber" ou no intelectual. Esse tipo de relacionamento intelectual não se sustenta e, às vezes, é o pior tipo de manipulação de Deus, porque formamos nosso próprio Deus segundo nossos caprichos. Exigimos que Deus seja o que determinamos em nossa mente e não deixamos espaço para Deus se revelar a nós como ele realmente é. Esse relacionamento intelectual deixa-nos "frios" e não alimenta nossa espiritualidade. Logo desistimos quando descobrimos que Deus não é como em nossa cabeça exigimos que fosse.

Espiritualidade é mais experimentar Deus do que pensar em Deus. Deus quer que experimentemos seu amor e sua salvação, e não apenas que "saibamos" dessas coisas. Em outras palavras, a espiritualidade deve levar-nos a experimentar Deus na vida. Deus entra em nossa vida e ama-nos concretamente, e quer que acolhamos seu amor em nós. Espiritualidade é o processo do conhecer e do experimentar Deus, como ele se revela em sua palavra, na liturgia e na vida. É deixar de manipular Deus segundo nossa imaginação, para acolher e experimentar Deus como ele é. É deixar que Deus seja Deus em nossa vida.

Espiritualidade é acreditar que Deus quer estar comigo porque me ama. O amor que Deus tem por nós não é causado por nossa inteligência ou por nosso saber a respeito dele. É um dom gratuito de sua bondade a nós. Deus amou-nos e amou-nos primeiro. Esse é o ponto de partida de qualquer espiritualidade.

4. Espiritualidade exige pobreza espiritual

Quem toma a iniciativa de aparecer em nossa vida para nos amar e salvar é Deus. Ele vem ao nosso encontro. Meu dever é criar momentos ou espaços para que Deus possa estar em mim ou fora de mim. É largar nosso grande orgulho de tentar controlar Deus. É ter um espírito de pobre. É ficar silencioso até que Deus venha ao nosso encontro. É deixar qualquer expectativa em nossa oração, pois qualquer expectativa seria uma tentativa de controlar Deus. É abandonar todos os resultados predeterminados por nós, não exigindo que Deus cumpra o que predeterminamos. É ser pobre e esperar sua presença amorosa e salvadora. É dar espaço para que Deus possa ser o que ele é. Como é difícil para o homem moderno esperar. Por isso, toda oração deve começar com uma súplica ao Espírito Santo, o Pai dos pobres, pedindo que venha preparar nosso coração para receber Cristo e, por Cristo, receber em nosso "templo" o Pai.

A ESPIRITUALIDADE E A VIDA CONSAGRADA   *111*

5. A espiritualidade combina o "velho" com o "novo"

A espiritualidade não vem de um vácuo. Há uma tradição de espiritualidade em toda a história da Igreja. Há espiritualidades tradicionais e há novas espiritualidades de nossos tempos. Nossas próprias congregações têm suas espiritualidades específicas. O trabalho hoje é acolher o tradicional em suas verdadeiras raízes e atualizar suas expressões, para que possam ser entendidas pelas gerações atuais. Precisamos tirar o que já não diz nada para nossa geração, preservar e atualizar o que ainda tem valor e nos faz mais sensível à presença de Deus. O importante é perceber que cada religioso está vivendo um processo em sua espiritualidade. O que valeu em uma etapa de seu desenvolvimento espiritual, talvez hoje não tenha mais valor. Nenhuma espiritualidade em si é um absoluto. *Estamos diante de meios para nos ajudar a experimentar Deus em nossas vidas*. Por isso, precisamos ficar alertas e "largar" certas práticas de piedade que já não têm significado para nós, e que não nos ajudam a experimentar Deus. Precisamos afinar outras aspectos de nossa espiritualidade que ainda são importantes em nossa experiência de Deus. É preciso um processo de discernimento individual e comunitário para deixar de lado o caduco, que já não tem sentido para nós, para acolher e viver o novo, baseado na tradição congregacional que anima a comunidade e sua missão na Igreja e no mundo.

6. A espiritualidade precisa de ascese cristã

A ascese cristã, antigamente chamada de mortificação, é absolutamente necessária para viver qualquer espiritualidade. A finalidade da ascese cristã é *ver e experimentar Deus em tudo*. É todo o processo de se libertar dos obstáculos que não deixam o consagrado ver Deus em tudo. É todo o processo de matar nossa incapacidade de enxergar Deus em todos e em tudo. Certamente não tem por finalidade desprezar o corpo (como se o corpo fosse mau), nem é ativismo exagerado (como se a ação

112 A TEOLOGIA DA VIDA CONSAGRADA

fosse nossa salvação). Esses dois extremos são errados e não cristãos. A finalidade do ascetismo cristão é achar Deus em tudo: corpo, espírito e ação.

A maior ascese na espiritualidade *é achar Deus nas coisas comuns de cada dia*. Alguns, infelizmente tentam buscar Deus no extraordinário. Vão atrás de modas e de coisas extraordinárias. Mas Deus está na "brisa mansa" e não na tempestade (1Rs 19,11-12). A ascese ajuda o processo de achar e experimentar Deus nas coisas comuns e simples de cada dia. Deus está em meu corpo, em minha sexualidade, em meus coirmãos, ao meu lado, no povo pobre que sirvo, nos acontecimentos diários de minha vida, nas coisas simples da natureza. Deus está aí e, se busco sua pessoa nas coisas simples da vida, vou achá-lo. Por isso, espiritualidade é apagar a busca do extraordinário e buscar Deus na vida com os dois pés no chão. Quem busca Deus no extraordinário, está buscando seu próprio "eu" e está condenado a uma vida de frustração e fracasso.

A ascese cristã significa abandonar algo ou alguém para poder deixar um espaço para Deus em nossa vida. Enquanto o lugar central de nosso ser está ocupado por uma coisa material, por uma pessoa ou por nós mesmos, é difícil experimentar Deus. Ascese é o processo de livremente tirar o que está no centro de meu coração e deixar um espaço para Deus entrar e me amar, para que eu possa, num diálogo, dar a Deus uma resposta amorosa pela vivência da consagração. É um abandonar nosso egoísmo e nosso orgulho, para encontrar-nos com o "outro". Por isso, *toda ascese cristã quer dizer caridade e amor*. É um processo de libertação para poder amar cada vez melhor.

A ascese cristã também significa colocar nossa casa em ordem. Quando um aspecto de nossa casa está em desordem, tudo fica em desordem. Quando nosso relacionamento com Deus, com nossos coirmãos, ou conosco mesmos está em desordem, tudo fica em desordem. E quando a casa está em desordem, é impossível encontrar-se com Deus. A ascese cristã tem por finalidade colocar a casa em ordem para poder experimentar Deus. Cristo apresenta as três grandes asceses cristãs para colocar a casa em ordem: *oração* (meu relacionamento com Deus); *es-*

mola (meu relacionamento com meus coirmãos); *jejum* (meu relacionamento comigo mesmo). Quando estou mal comigo mesmo, é quase impossível rezar ou viver bem com meus coirmãos. Quando estou mal com Deus, estou mal comigo mesmo e com meus irmãos. Se estou mal com meus coirmãos é quase impossível enxergar Deus ao meu lado e acabo ficando mal comigo mesmo. Ascese é confronto com a desordem, para poder colocar os três relacionamentos em dia. É colocar o dedo na chaga e procurar resolver o problema básico, para poder criar sintonia e paz nas outras partes de minha "casa". Sem o confronto, sem a ascese, é quase impossível encontrar-se com Deus e ter uma espiritualidade.

Capítulo VIII

A ORAÇÃO E A VIDA CONSAGRADA

Não pretendo apresentar aqui um extenso estudo sobre oração. Gostaria de apresentar algo prático sobre a oração na vida consagrada. Nos últimos anos, artigos sobre a oração na vida religiosa trataram constantemente de dois assuntos: a falta de integração dos diversos momentos de nossa oração e a dificuldade de integrar a ação com a contemplação. Gostaria de tratar desses dois problemas neste capítulo.

I. Integração na oração

1. Três momentos distintos mas não exclusivos

A oração de uma pessoa consagrada deve passar por três momentos distintos. Esses três momentos não devem ser considerados separados entre si, mas devem ser integrados para formar uma unidade. Isso nem sempre acontece, e, por isso, o primeiro problema na oração é o trabalho de formar uma vida integrada desses três momentos. Sem esse esforço, nossa oração fica desintegrada e fraca.

a) O primeiro momento importante na vida de oração do consagrado é o relacionamento entre o "EU" e o "TU", *entre o eu e Deus*.

— É o momento da oração de *intimidade* entre Deus e seu consagrado. É muito particular e pessoal. É o encontro entre dois "apaixonados".

— É o momento de "ir à montanha" para estar a sós com Deus. É deixar toda atividade de lado, para estar só com Deus.

— É o momento de *contemplação do interior de Deus*, para poder experimentar o amor pessoal e a salvação de Deus. O fim é experimentar Deus e não apenas saber de Deus.

— É o momento do dia quando procuro *o profundo silêncio para estar com Deus*. É um momento de profunda intimidade entre dois "corações".

— É um momento de *cura interior*.

— É um momento de *confronto* com meu ser consagrado, com fidelidade ou infidelidade diante da *fidelidade de Deus* que me amou primeiro.

— É um momento quando *Deus nos revela sua vontade* e convida-nos a participar na salvação da humanidade, que é sua maior vontade. Deus pede que continuemos hoje o ser e o agir de seu Filho para salvar a humanidade.

b) O segundo momento importante na vida de oração do consagrado é o relacionamento entre o "EU", o "TU" e o "NÓS", *entre mim e a comunidade*.

— Este é o momento da oração de *partilha da fé*. É o momento de *koinonia*.

— Se minha oração de contemplação for autêntica, Deus mais cedo ou mais tarde sempre me dirige para *uma comunidade*.

— Nessa oração, percebo que Deus não quer salvar só minha pessoa, mas quer salvar toda a humanidade, em e por meio de uma comunidade.

— Esse momento é de *oração feita em comunidade*, quando toda a comunidade se reúne para prestar seu culto e sua adoração a Deus. É a busca comunitária de Deus.

— É um momento de partilha da fé. Nessa oração, cada indivíduo da comunidade religiosa partilha com todos sua experiência de Deus, experimentado na contemplação, para enriquecer e animar a fé de todos.

116 A TEOLOGIA DA VIDA CONSAGRADA

— Essa oração é a *oração da liturgia*. É a celebração da presença de Deus no meio da comunidade, seja a comunidade religiosa, seja o povo de Deus que servimos.

c) O terceiro momento em que experimentamos Deus é o relacionamento entre o "EU", o "TU", o "NÓS" e o "PARA ELES": *eu e a minha missão na Igreja e no mundo*.

— Essa oração é a oração que *acompanha nossa missão* na Igreja e no mundo.

— É a busca para experimentar Deus no centro de nossos serviços e nos acontecimentos da vida e do apostolado. *É a oração da vida*. Deus fala-nos pelos acontecimentos da vida.

— Assim se evita o dualismo que diz que Deus está somente no "sagrado". Deus está em tudo e em todos, e essa oração faz-nos sensíveis para perceber sua presença.

— Essa oração faz-nos perceber que precisamos evangelizar o povo de Deus e ser sensíveis o bastante para sermos evangelizados por ele. É a sensibilidade de enxergar Deus em tudo e celebrar sua presença.

— Essa oração e essa experiência de Deus normalmente é *curta, pura e intensa*. Não dura muito tempo. De repente, sinto a presença de Deus no centro do cotidiano e começo a rezar sua presença. Mas seus efeitos me levam a procurar Deus na oração de contemplação mais tarde. Essa oração leva-me de volta à montanha.

O importante é notar que são três momentos distintos, mas não exclusivos. Posso experimentar Deus tanto na contemplação quanto na liturgia comunitária e também no apostolado. Orar é ser sensível para celebrar Deus quando ele aparece em nossas vidas e responder a essa presença. Não há dualismo na vida de oração. Deus está em tudo e quer que experimentemos seu amor e sua salvação nos três momentos. O trabalho está exatamente em integrar esses três momentos em nossa vida cotidiana.

O que descrevemos acima nada mais é do que a dinâmica da própria *oração de Jesus*. Jesus tinha o costume de separar-se de todos para estar "só" com seu Pai (*oração do "eu e tu"*). Ele

A ORAÇÃO E A VIDA CONSAGRADA   117

"ia à montanha" normalmente à noite, para fazer a oração de contemplação. Foi nessa oração que descobriu a vontade salvífica do Pai e seu destino como o Servo de Javé para salvar toda a humanidade. Depois, ele descia da montanha e celebrava sua experiência de Deus com sua comunidade apostólica, os doze. Ele partilhava com eles sua experiência com o Pai. Tinha também o costume de celebrar comunitariamente a experiência de Deus nas sinagogas e no Templo (*oração do "eu-tu e nós"*). E, finalmente, Jesus tinha profundas experiências de Deus ensinando, pregando, curando e amando o povo de Deus, especialmente os pobres e simples (*oração do eu-tu-nós e para eles*).

A oração integrada, então, serve para termos uma experiência contínua de Deus, e a cada momento incentiva a procurar os outros. A oração de contemplação empurra-me para a oração em comunidade e para a liturgia. A oração de comunidade e da liturgia anima-me a encontrar Deus no mundo e na missão. As experiências de Deus no mundo e na missão chamam-me de volta a Deus na "montanha", para a oração da contemplação. Cada tipo de oração empurra-me para outro. Cada tipo de oração anima outra. Formam um conjunto. *São integrados.*

Mas quando ficamos "enferrujados" em um desses três momentos de oração, todos os outros tipos de oração sofrem. Quando não faço a oração de contemplação e de intimidade com Deus, é difícil ter algo para partilhar com meus coirmãos na oração comunitária e na liturgia. Também fico insensível para enxergar Deus nos pobres e nos acontecimentos da vida. E quando não rezo bem na comunidade, é difícil procurar a oração de contemplação. Quando fico cego para perceber Deus na missão, então é difícil enxergar Deus na comunidade e na contemplação. Falta, em poucas palavras, uma integração entre os três momentos. A oração de contemplação deve levar-me para a comunidade, a liturgia e a missão para experimentar o mesmo Deus em circunstâncias diferentes. A oração da liturgia deve levar-me para a contemplação e a missão. Há integração na experiência de Deus. Esse é o ideal e a meta da oração do consagrado.

Infelizmente o homem moderno, em geral, perdeu a capacidade de fazer essa integração. A maioria de nossas congregações são ativas, e passamos a maior parte do dia no terceiro momento da oração, no apostolado e no mundo (eu-tu-nós e para eles). Mas se faltar a integração de uma boa oração comunitária e, sobretudo, de uma oração de contemplação, então é muito difícil enxergar Deus no mundo e no apostolado. Passamos então *horas e horas sem pensar em Deus, nem experimentar Deus*. Ficamos secos e desanimados. Perdemos sentido de nossa consagração como um ato contínuo de culto e adoração. Sem dúvida, o maior problema na vida religiosa está no primeiro momento, isto é, na oração de contemplação. Muitos religiosos, por uma porção de razões, esqueceram como rezar a sós a oração de intimidade com Deus. Mas se faltar a oração de contemplação, faltará a integração com a oração em comunidade e na missão. Tudo começa no relacionamento íntimo entre Deus e seu consagrado. Se esse aspecto faltar, a sequência e a integração simplesmente não acontecem. Tudo começa na oração "Eu e Tu". Como nós religiosos precisamos redescobrir a oração de contemplação!

II. A oração de contemplação
— o relacionamento entre o "eu" e o "tu"

Na formação inicial, a maioria de nós foi ensinada a meditar. Por isso, a primeira coisa que precisamos entender é a diferença entre os dois métodos de oração. O segredo está na descoberta de "quem está no centro da oração": *eu ou Deus?* Vamos ver a diferença entre essas duas situações para descobrir quem pode estar e quem deve estar no centro da oração.

1. Meditação

Na meditação, *eu estou no centro da oração*:
— A meditação é muito *intelectual*. A cabeça corre 100 km por hora. Pensamos sobre Deus na meditação, mas não necessariamente chegamos a experimentar Deus.

— A meditação é muita ativa. *Quem controla a oração sou eu mesmo*. Eu determino quando começa e quando termina. Determino quais serão os assuntos. Determino quando vou deixar questionamentos acontecer ou não.

— A meditação tem como finalidade buscar algo para fazer, algo concreto para fazer durante o dia — um propósito. A meditação é altamente prática.

— A meditação *não exige de mim, necessariamente, uma conversão de vida*. Posso meditar sobre a misericórdia de Deus e depois ficar com o espírito de vingança em meu coração. Nada mudou em mim por causa de minha meditação sobre a misericórdia de Deus. Ficou no intelectual e não chegou à vida.

— Quem está no centro dessa oração sou "EU". A meditação pode levar-me a uma experiência de Deus quando me tiro do centro e dou espaço para Deus entrar e agir em mim. Mas, normalmente, o espaço fica ocupado com minha pessoa e, consequentemente, não há espaço para Deus entrar. O espaço está ocupado pelo meu "eu".

— Um grande perigo da meditação é que posso *criar minhas próprias imagens de Deus*. Crio "meu Deus" e acredito que minha criação é o "verdadeiro Deus". Mas muitas vezes esse Deus é formado dos meus complexos, dos meus medos, dos meus preconceitos. *Crio uma imagem totalmente deformada de Deus*. Um exemplo para esclarecer esse processo: Vamos supor que tenha tido um pai que não me deu afeição, bebia muito, batia na mulher e nos filhos. Quando vou meditar sobre a "bondade de Deus Pai", inconscientemente sinto medo, raiva, humilhação, falta de afeição e tenho o sentimento de que não presto para nada. É impossível chegar perto desse Deus Pai que eu criei. Tudo isso porque transferi a imagem de meu pai para Deus Pai. Não chego à contemplação. Fico no centro da oração jogando minha imagem deformada de Deus em cima do verdadeiro Deus de amor e ternura. Não chego a experimentar o verdadeiro Deus que me ama profundamente. Alguns religiosos passam anos sem experimentar o Deus do evangelho que Cristo nos apresentou. Eles têm medo de Deus.

2. Contemplação

Na contemplação, *Deus está no centro da oração*.

— A finalidade da oração de contemplação não é pensar sobre Deus, mas *experimentar Deus*. Na oração de contemplação, eu deixo que Deus seja Deus comigo.

— Por isso, a oração de contemplação é *mais passiva*. Passiva não significa que não faço nada, ficando como uma "múmia" diante de Deus. Passiva significa que eu perco o controle sobre a oração. *Quem controla a oração é Deus*. Quem se revela é Deus. Quem fica esperando sua chegada e sua revelação sou eu. Fico numa atitude de pobreza espiritual, esperando sua chegada. Logo que Deus aparece, sem eu insistir em minhas falsas imagens, começa entre nós um diálogo de corações. Deus começa e eu participo nesse diálogo.

— A finalidade da oração de contemplação é experimentar concretamente o amor de Deus em minha vida. Por exemplo, eu não penso sobre a misericórdia de Deus (meditação), *mas deixo que Deus seja misericordioso comigo*, fico envolvido e cercado por sua misericórdia (contemplação). Deixo que Deus seja Deus comigo. Saio do centro da oração e deixo que Deus ocupe o lugar central, permito que ele seja ele mesmo comigo. Fico totalmente desarmado e deixo de lado minhas falsas imagens de Deus, para poder acolher o verdadeiro Deus. Coloco-me como o amado diante do Divino amante. E nessa experiência, respondo com amor. É um diálogo amoroso.

— A contemplação é um convite para a intimidade com Deus, que escolheu seu consagrado e também o chama, por vocação, à intimidade com ele. Contemplação é acolher o convite para entrar no interior de Deus para *conhecer e experimentar* sua pessoa como Pai, como Filho, como Espírito Santo.

— A contemplação é um convite para *ficar quietamente* diante desse "Deus doador de si mesmo" (S. Afonso). A contemplação é um convite a olhar profundamente para o interior de Deus. A palavra contemplação por si significa "um olhar profundo". É ficar admirado diante de um Deus que, mesmo vendo toda a minha realidade, cheia de coisas fantásticas, mas tam-

A ORAÇÃO E A VIDA CONSAGRADA   *121*

bém de limitações, ainda continua apaixonado por mim! Deixo que Deus seja o que ele é: "um Deus que é amor" (1Jo 4,7-10).

— Na contemplação, Deus abre seu interior, convida-me a entrar e experimentar sua pessoa. Sobretudo, ele quer que eu descubra que é um Deus de amor, de misericórdia, de paciência, de ternura, de fidelidade, mas também um Deus que me chama à conversão *para ser como ele é*. O amor recebido de Deus, na oração de contemplação, exige de mim uma resposta de amor. O amor expressa-se pela conversão no ser e no agir de Deus. *Eu procuro ser uma continuação desse Deus de amor no aqui e no agora da vida*.

— Por isso, a oração de contemplação *exige conversão*. Quando tocamos no interior de Deus, algo acontece conosco. Mudamos. Não podemos ficar na mesma. Sentimos a necessidade de mudar. Sentimos a necessidade de ser como ele é. Esse é o desafio e o fruto da oração de contemplação. É o sinal de uma oração autêntica. Queremos mudar de vida para ser uma continuação de Deus na vida.

— Não há um meio absoluto para chegar até essa experiência contemplativa de Deus. Mas um dos maiores meios para entrar no interior de Deus é a contemplação de Deus por meio de sua palavra na Bíblia. *A Bíblia nada mais é do que a descrição do interior de Deus*. Deus revela seus gostos, suas aversões, suas alegrias, suas tristezas, seu desejo de salvar toda a humanidade, suas alianças. E sobretudo o Pai revela seu Filho e o Filho revela para nós o Pai: "quem me vê, vê o Pai". O que precisamos reaprender é ler os textos bíblicos *devagar*. Há muita falta dessa leitura vagarosa da palavra de Deus. Precisamos prestar especial atenção aos verbos. Eles revelam o querer do Pai em nossa vida.

a) Como fazer a oração de contemplação?
Na riqueza da espiritualidade da Igreja há muitos métodos para fazer a oração de contemplação. Cada pessoa é diferente e, no começo, precisa experimentar alguns métodos diferentes, até achar aquele que mais facilita seu olhar profundo para o interior de Deus.

A TEOLOGIA DA VIDA CONSAGRADA

É importante notar que a oração de contemplação não significa experiências extraordinárias. Cada cristão recebe o dom da contemplação com o sacramento do batismo. Deus quer que todos conheçam e experimentem sua pessoa amorosa. Por isso, devemos tirar de nossa cabeça a ideia que contemplação significa experiências extraordinárias, como êxtases e fenômenos profundamente sensíveis. Não devemos buscar essas coisas extraordinárias, porque tal procura é uma busca de nós mesmos, e Deus não teria espaço para entrar. De fato, a oração de contemplação pode ser profundamente "árida", mas, mesmo assim, pela fé a pessoa sente-se envolvida pelo amor de Deus. Humanamente falando, quem contempla às vezes não sente nada, a não ser um ato de fé na presença e no amor de Deus.

Para fazer a oração de contemplação tendo Deus no centro da oração, *o religioso precisa buscar um momento de paz e tranquilidade*. É difícil, se não impossível, olhar profundamente para o interior de Deus se há uma tempestade dentro ou fora de nós. Deus não está na tempestade, mas na brisa mansa (1Rs 19,11-13). Talvez essa busca de paz seja nosso maior desafio neste tempo tão barulhento, agitado e com tantas distrações. Exige-se muita disciplina para buscar um momento do dia quando seja possível sentir-se em paz e ir "à montanha" para estar a sós com Deus na intimidade. Cristo pessoalmente achava esse momento cada noite (Mt 14,23; Mc 6,46; Lc 6,12). Alguns acham esse momento no início do dia, outros à tarde e outros na noite. Cada um precisa achar seu momento. A disciplina está em determinar um horário, procurar ser fiel a esse horário e assumir o compromisso de "ir à montanha" para olhar profundamente para o interior de Deus. Quem busca, acha Deus (Mt 7,7-11). É uma questão de opção e de prioridade. Somente eu posso assumir esse compromisso. Sem essa disciplina, simplesmente caímos na inconstância e na falta de integração na oração.

Também *é importante achar um lugar que pode chamar de "seu lugar santo"*. Seu lugar santo é aquele lugar onde mais se sente em paz e tranquilidade. Pode ser em meio à natureza. Pode ser diante do Santíssimo. Pode ser em seu quarto. Pode ser em qualquer lugar. Mas quando você escolhe o horário para estar

A ORAÇÃO E A VIDA CONSAGRADA   *123*

na presença de Deus, busque então estar nesse lugar. Cuidado com o "complexo-de-formigas-nas-calças"! Quer dizer, não fique pulando de lugar para lugar. Quem fica num estado de agitação e sempre trocando de lugar cada cinco minutos, nunca terá a paz para rezar. Você dever ficar no mesmo lugar e ter a paciência de esperar a vinda do Senhor, seja na consolação, seja na secura.

Precisa, às vezes, passar algum tempo acalmando a tempestade e o barulho da vida que nos cerca, para podermos colocar Deus no centro. Se você tem apenas meia hora para fazer essa oração e luta vinte minutos para conseguir a paz, valeu a pena sua oração! Alguns conhecem outros métodos proveitosos para relaxar-se. É bom respirar profundo várias vezes, sentindo toda a tensão saindo do corpo e Deus ocupando o lugar central de nosso ser.

Depois que vem certa calma, *devemos fazer um ato profundo de fé*. Uma pequena oração que aprendi do Pe. Oscar Müller pode ajudar aqui: "Deus está em mim, e ele me ama, e quer revelar-se a mim". Você pode repetir essa oração devagar várias vezes, até que acredite nas palavras.

Você não deve ir para a oração de contemplação de mãos vazias. Traga sempre com você a Palavra de Deus, que é um pulo para o interior de Deus. Como sugestão, comece com um dos Evangelhos, porque é mais fácil contemplar Cristo encarnado. Pode levar vários meses para terminar o Evangelho. Leia devagar um pequeno trecho. Começamos a oração de contemplação usando toda a nossa imaginação, sendo espectadores do cenário. Mas chega um momento quando o cenário deve desaparecer, quando ficamos olhando somente para Cristo e para o que ele fala e faz.

A contemplação concentra-se em dois aspectos da revelação na Bíblia. O que *Deus fala e faz*. Quando alguém quer revelar seu interior aos outros, faz isso por meio de palavras ou por ações e gestos. Observando essas duas coisas, podemos então conhecer e experimentar o interior dessa pessoa. Na contemplação, devemos prestar especial atenção no que Deus fala e no que ele faz. Depois de observar isso, podemos entrar no interior de Deus, para experimentar tudo isso. Na contemplação, eu deixo que *Deus fale e faça isso comigo hoje*. Isso é contemplação! Não é um "bicho-de-sete-cabeças". Não é experiência extraordinária de Deus. É Deus mansamente nos deixando entrar em sua vida para nos amar, perdoar, incentivar, mandar em missão e para uma vida de conversão para o ser e o agir dele. Deus me deixa tocar em seu interior e ele me ama.

O Espírito Santo é quem me dirige para conhecer e experimentar a pessoa de Cristo, que me leva a conhecer o Pai. *Toda oração contemplativa é por Cristo, com Cristo e em Cristo, na unidade do Espírito Santo e para a glória do Pai*. Toda contemplação começa com Cristo, mas termina no Pai. Sempre devemos rezar ao Espírito Santo para que ele nos mostre o interior de Jesus e, por Jesus, possamos descobrir e experimentar o verdadeiro "rosto" e o verdadeiro "coração" do Pai. "Quem me vê, vê o Pai."

No centro da oração de contemplação, Deus faz seus apelos à conversão. Ele revela seu interior e pede que assumamos seu modo de agir, pensar e querer. Ele nos chama a uma vida de conversão. É importante acolher os apelos de conversão para darmos nossa resposta concreta de amor ao Deus que nos amou primeiro. Conversão é resposta de amor, e não de obrigação.

III. Alguns princípios de oração

Estes princípios podem servir como questionamento sobre nossa maneira de rezar ou sobre a motivação de nossa oração. Podem servir como caminho de conversão para podermos rezar melhor.

1. A oração autêntica é proporcional à qualidade de nosso amor

Há o perigo de buscarmos Deus somente para nosso próprio bem ou para nos sentir bem, ou de o buscarmos somente como um "Deus-tudo-azul". Infelizmente a motivação por detrás dessa oração é nosso "eu" e, por isso, nunca vamos encontrar e amar o "tu". Quem reza com um "coração puro" encontra um Deus que nos desafia a sair de nós mesmos para doar-nos aos outros. Um Deus que constantemente nos desafia dizendo que o verdadeiro amor a Deus se concretiza no amor ao próximo. "Quem diz que ama a Deus que não vê e não ama seus irmãos que vê, é mentiroso" (1Jo 4,20). Por isso, no começo de qualquer oração de intimidade com Deus é necessário um confronto com essa realidade: "como vai meu amor aos meus irmãos, especialmente àqueles com quem estou convivendo?". Se estou mal com eles, vai ser difícil encontrar-me com Deus. Meu grau de amor é baixo e, por isso, minha oração não pode ser autêntica. Precisamos resolver nossos problemas de amor (raiva, inveja, mágoas, autoimagem negativa) antes de "ir à montanha" para encontrar com Deus que é amor. Não devemos esconder de Deus o que sentimos em nós, mas, abrindo o jogo com Deus, revelemos com paz nossos sentimentos, pedindo que o Espírito Santo venha tocar nesses sentimentos, para os purificar e curar. Normalmente, com uma mansidão incrível, Deus leva-nos para uma atitude evangélica de perdão, misericórdia e paciência. O grande problema é a nossa resistência diante do perdão. Enquanto a resistência existe, é difícil rezar autenticamente.

Prática: Ter a coragem de, no começo da oração, ficar em contato com meus sentimentos negativos de desamor e tentar resolver esses sentimentos antes de procurar o interior de Deus.

2. A oração autêntica exige controle de si mesmo em corpo e em espírito

Há um princípio físico que se aplica também à vida espiritual, especialmente à oração. Duas coisas não podem ocupar o mesmo espaço no mesmo momento. Não posso rezar enquanto estou dirigindo minha atenção em outras coisas, como TV, estudo, ou planejando o que vou fazer amanhã. É impossível dar atenção a dois assuntos no mesmo momento. Duas coisas não podem ocupar o mesmo lugar. Esse princípio vai mais fundo ainda. Quando o corpo ou o espírito não estão livres, mas são escravos de outras coisas, então é quase impossível deixar um espaço para Deus entrar em nossa vida. O segredo está em descobrir quem ou o que está no centro de nosso coração. "Não se pode servir a Deus e ao dinheiro ao mesmo tempo", disse Jesus ilustrando esse princípio. Por isso, no começo da oração, há necessidade de descobrir se alguém ou algo está ocupando o lugar central. Esse esforço exige honestidade e disciplina, porque exige que mansamente se tire o que está no centro, para poder dar espaço para Deus. Pela consagração, prometi amar a Deus de todo meu coração, em culto e adoração (aliança do batismo). Mas quando estou "namorando" alguém ou alguma coisa, esse coração está comprometido e já tem dono ocupando o lugar central. Deus automaticamente está sendo colocado à margem e, por isso, é difícil cultivar intimidade com ele. Quando as preocupações da vida ou quando meu orgulho e meu egoísmo tomam conta de mim, o espaço está ocupado. Preciso ter a coragem do confronto, para tirar tudo do centro e dar espaço para Deus. "Amarás o Senhor teu Deus de todo teu coração" (Dt 6,4-9).

Prática: No começo da oração, preciso de disciplina para tirar, pouco a pouco, todas as distrações que ocupam lugar central no meu coração. Preciso de muita paciência para fazer isso. Disciplina e paciência são o segredo e a fonte de libertação.

3. Na oração autêntica, preciso ficar diante do Deus vivo e verdadeiro com meu verdadeiro eu

Por causa do meu orgulho, uma das lições mais difíceis de aprender é que não posso enganar a Deus. Quando vou buscar a Deus seriamente, estou diante de duas realidades, de dois mistérios. Primeiro apresento a Deus toda a minha realidade atual, com tudo o que tenho de bom e de limitações, até a parte pecaminosa do meu ser. Segundo, mesmo vendo tudo o que sou, mesmo assim Deus me ama. Mas a tendência humana é usar "máscaras" que tentam esconder nossa realidade e apresentar para Deus o que não somos. Temos medo que Deus deixe de nos amar ao ver toda a nossa realidade. Falta a coragem da fé para acolher seu amor e escutar de novo que me chama de seu "filho querido". Nunca vamos crescer na oração enquanto não formos capazes de aparecer diante de Deus totalmente "nus" (palavra mística), sem máscaras, sem chantagem emocional, sem buscar desculpas para nossa vida e nossas ações. Sem tentar, sobretudo, provar que merecemos o amor de Deus. Para crescer na oração temos de assumir que somos criaturas e, por isso, imperfeitas, fracas, incoerentes e pecadoras, mas com um coração imenso que quer amar a Deus totalmente. Nunca devemos ter medo de ficar diante de Deus como somos. Nosso passado nunca deve ser obstáculo para nosso presente. Não precisamos esconder nada de Deus. Só assim Deus pode chegar perto do nosso verdadeiro "eu", para consolar, amar e chamar à conversão. Vamos descobrir que o amor de Deus é *graça*. Que Deus nos ama porque quer nos amar e não porque sejamos bons.

Para alguns religiosos, que têm uma imagem muito ruim de si mesmos ou que estão vivendo de fato uma vida dupla de religioso-pecador, será preciso algum tempo para poderem viver em paz esse princípio. Coloque Deus no centro da oração. Deixe que Deus seja o que ele é: um Deus de amor. Onde há aceitação tranquila de nossa pessoa, há a possibilidade de enxergar o verdadeiro Deus.

Prática: Preciso de humildade para me apresentar diante de Deus como sou, com minhas qualidades e defeitos. Não devo ter medo de deixar Deus tocar naquela parte de meu ser da qual sinto medo, vergonha, humilhação, desprezo. Devo deixar que Deus seja Deus comigo e acolher, perdoar e aceitar o desafio para sair de minha situação, superando meus bloqueios, para viver minha consagração na alegria e na esperança.

4. Quando vou fazer a oração de contemplação, preciso dos três "s": silêncio, solitude e submissão

Sem os três "s", é muito difícil criar um ambiente para contemplar e experimentar o verdadeiro Deus.

O primeiro "s" é *silêncio*. O silêncio é necessário para estar em sintonia com a presença amorosa de Deus. O silêncio mata a insensibilidade que nos impede de acolher a presença de Deus. Por isso, precisamos providenciar momentos silenciosos durante o dia, para criar o ambiente de sensibilidade diante da presença de Deus. Só o silêncio ajuda-me a entrar em meu "templo", para encontrar-me com o Deus que me ama profundamente. E no silêncio do coração Deus revela-se a mim. Mas a busca desses momentos de silêncio depende apenas de mim. Exige-se a disciplina diária de buscar o silêncio do coração para encontrar-se com Deus. Tradicionalmente essa busca deve ser algo diário. Uma vez por semana deve-se procurar um tempo maior, para estar no silêncio com Deus. E uma vez por mês deve-se parar o dia todo, para estar em "retiro" com Deus. E oito dias por ano, o retiro anual, devem ser consagrados a um silêncio maior. Esse é o meio indispensável para fortalecer a oração de "intimidade" com Deus. Agora precisamos transformar o ideal em vida. Nesta vida de tanto ativismo, se pudermos disciplinar-nos para achar no mínimo meia hora por dia para estar no silêncio diante do Senhor, nossa vida vai mudar.

O segundo "s" é a *solitude*. Solitude é uma atitude de paz interior, que me ajuda a buscar o silêncio e que me dá condições para esperar pela vinda do Senhor na oração. É difícil achar Deus no meio de uma tempestade. A solitude é o ato consciente de deixar o "barulho do mundo" fora de mim, para poder escutar a voz de Deus em mim. Pedro, enquanto fixava seus olhos no Senhor, não afundava na água. Logo que perdeu a solitude e concentrou-se no vento e na tempestade, começou a afundar na água (Mt 14,25-33). A solitude conscientemente tenta eliminar a tempestade, para ter a paz, e assim conseguir fixar os olhos e o coração no Senhor. A solitude, como o silêncio, exige disciplina. Exige sobretudo constância na oração. Constância significa que, apesar de minha condição atual, de propósito vou buscar a paz para encontrar-me com o Senhor. Às vezes, deixamos nossos sentimentos controlar-nos, ao invés de confrontar-nos com os que estão tirando a solitude de nosso coração. Muitos desistem da oração quando vêm contratempos, situações negativas de vida, secura e desânimo. Constância significa que eu coloco Deus no centro da oração e não a mim mesmo. A constância frisa mais a fé do que os sentimentos.

O terceiro "s" talvez seja o mais difícil de todos. No processo de intimidade com Deus, ele, de maneira totalmente pessoal e progressiva, manifesta para nós sua vontade, sobretudo sua vontade de salvar toda a humanidade e solicita nossa participação nessa história de salvação. A *submissão* significa que, quando Deus revela minha parte nessa história de salvação, sinceramente procuro obedecer, aceito uma "união de vontades" (S. Afonso). Essa união de vontades é a maior manifestação de intimidade possível entre dois amantes. É uma continuação do gesto de Cristo, o Salvador da humanidade, que nos salvou pela obediência. Significa livremente colocar minha vontade em sintonia com a vontade do Pai, por amor filial. É um ato de submissão, obediência filial. Mas toda submissão exige um "morrer" para si mesmo, uma profunda renúncia do "eu" para estar em união com o Pai. *E esse ato de submissão só pode ser motivado pelo amor.* No fundo de toda a oração de contemplação está a submissão, a obediência e o amor. É um ato de confiança e de abandono ao amor do Pai que nos convida a participar da cruz de Cristo para salvar toda a humanidade. No silêncio da contemplação, o Pai revela sua vontade, e não estou falando de coisas grandiosas. Falo de coisas pequenas da vida cotidiana que, mesmo assim, exigem um "eis-me-aqui-Pai".

Prática: Quando vou fazer a oração de contemplação preciso a disciplina para buscar silêncio e solitude. Na oração autêntica, Deus revela sua vontade a mim pessoalmente e pede que fique em "união de vontade" com ele. A oração autêntica busca a vontade do Pai. Obediência é minha resposta de amor a Deus que me amou primeiro.

5. Na oração de contemplação, os resultados não são proporcionais aos esforços humanos

Querendo ou não querendo, somos filhos da idade tecnológica e da idade dos computadores, quando tudo é resolvido apertando uma tecla. Fomos criados para acreditar somente naquelas coisas que produzem frutos com rapidez e eficiência. O resto não presta. Faz parte de nossa vida. Mas na oração essas normas não funcionam. Oração é uma questão de crescimento lento. Muitas vezes temos toda a boa vontade para rezar e encontramos o inesperado, uma secura desanimadora. Achamos que tendo feito tudo certinho, o produto final, a experiência de Deus, deve aparecer no fim do processo. É impressionante como tentamos manipular Deus para fazer o que nós queremos. Ficamos presos a métodos ou coisas novas e pensamos que o resultado tem de ser como planejamos. E quando caímos na dura realidade que isso não funciona na oração, muitas vezes desistimos, fugimos e até ficamos decepcionados com Deus. Muitas vezes na oração experimentamos o sentimento do salmista: "Onde está Deus?". Tentamos ganhar ou merecer a experiência de Deus. Não entendemos que a experiência de Deus é uma graça, e quem dá essa graça é somente Deus, e não nossas tecnologias ou métodos.

Para viver esse princípio com honestidade, a primeira coisa que precisamos assumir é nossa fragilidade humana. Somos limitados. Somos imperfeitos. Na oração haverá, como em qualquer relacionamento, altos e baixos. Momentos fortes de experiência do amor e do perdão de Deus, e momentos fortes de secura, quando parece que Deus se esqueceu de nós (Sl 13,2; Sl 42,10). A honestidade na oração existe quando estou pronto para viver os dois momentos na fé e parar de querer manipular a Deus. Em poucas palavras, *preciso honestamente me confrontar com minha motivação na oração*. É realmente uma busca de Deus ou quero "usar" Deus para meu próprio benefício? Quem tem a paciência de confrontar-se com sua motivação, pode crescer na oração. Quando deixo todo o meu orgulho e o desejo de mandar em Deus e entro em profunda pobreza espiritual, então o "Pai dos pobres", o Espírito Santo, tem terra fértil para plantar a experiência de Deus em mim.

Vivendo esse princípio, precisamos também deixar a prática de avaliar nossa oração. Tal oração valeu a pena porque "senti algo"; aquela oração não valeu, porque "não senti nada". Quem estaria no centro dessa oração seríamos nós, e, por isso, o espaço já está ocupado com nossa avaliação da oração e não com Deus. *O que devemos medir é o resultado em longo prazo de nossa vida de oração.* Quer dizer, devemos medir o progresso de nossa conversão na pessoa de Jesus Cristo. Aquela conversão lenta na pessoa, no ser e no agir do Verbo Encarnado, especialmente em sua obediência. Esse é o verdadeiro fruto de nossa oração.

Prática: Quando rezo, preciso livrar-me de todo o desejo de manipular a pessoa de Deus. Preciso deixar que Deus seja o centro da oração. Não devo medir minha oração, mas acolher os momentos de consolo junto com os momentos de aridez. A paciência, a fé e, sobretudo, a constância devem acompanhar-me em toda a oração.

Capítulo IX

O VOTO DE POBREZA

Introdução ao estudo dos três votos religiosos

A finalidade deste estudo dos três meios essenciais para seguir Cristo e viver a consagração será abrir nossa visão teológica sobre esses votos. Muitos de nós recebemos, em nossa formação inicial, uma formação legalista, uma visão estreita e formalista demais sobre os votos. A ênfase era mais sobre o que não se pode fazer, ou o que é ou não pecado, do que sobre como o voto deve animar-nos na vivência alegre de nossa consagração. Havia muitos aspectos canônicos, legais e morais no estudo dos votos. Às vezes, essas orientações impediam que nossa visão chegasse até a riqueza teológica de cada voto. Impediam um crescimento evangélico, humano e espiritual, adulto e libertador na vivência de nossa consagração. Os votos eram vistos mais como obrigações do que como *aliança* e como *resposta de amor* ao Deus que nos amou primeiro. Esse aspecto legal levou alguns até à escrupulosidade e a considerar os votos como um peso enorme, porque "tudo era pecado". Não poucos religiosos consideraram os votos como fonte de desânimo ao descobrirem sua fraqueza para o cumprimento "perfeito" dos votos. Não havia muito espaço, nessa visão legalista, para a fraqueza humana, numa atitude como a dos fariseus no tempo de Jesus. Alguns religiosos até hoje acham difícil admitir que os votos são um processo de crescimento, e não uma questão de perfeição já adquirida.

O VOTO DE POBREZA

No passado, quando tratávamos dos votos, tratamos de cada voto como se fosse uma entidade em si, separada de outras realidades teológicas da vida consagrada. Não podemos entender os três votos como se fossem três entidades separadas em si. Os votos somente podem ser entendidos dentro da teologia básica da vida consagrada. Não podemos entender os votos separados de uma conexão essencial com os conceitos de vivência do Primado do Absoluto, consagração, opção fundamental e conversão. Não podemos entender os votos sem primeiro entender os conceitos que estão por trás do seguimento radical de Jesus. Cada elemento dessa teologia ajuda-nos a compreender melhor cada voto. Por isso, nunca devemos estudar os votos como se fossem algo separado do conceito de viver a aliança batismal na radicalidade. É essa teologia que dá sentido aos votos. E, finalmente, os três votos formam uma unidade no mesmo projeto de consagração. Não posso entender e viver a pobreza sem entender também a castidade e a obediência, e vice-versa. Cada voto se enriquece com a reflexão sobre os outros dois.

Os votos, portanto, não são a essência da vida consagrada, como vimos no primeiro capítulo. Infelizmente esse foi e ainda é o grande erro no estudo teológico dos três votos. O perigo está em frisar cada vez mais os votos e esquecer que a base da vida consagrada é a vivência radical da aliança do batismo. Os votos são meios essenciais para poder viver o projeto de Cristo, que foi sobretudo um projeto de consagração. A consagração vem primeiro: os votos são os três meios essenciais para viver essa consagração. Nossos capítulos provinciais e assembleias precisam frisar mais a teologia da consagração do que os votos em seus aspectos legais.

Não podemos entender os votos sem primeiro refletir sobre a pessoa de Jesus Cristo. Ele livremente assumiu em sua própria vida nossa fraqueza humana e esses três valores para poder viver sua consagração e sua missão. Toda reflexão sobre os votos começa e termina com a contemplação de Cristo e da maneira como escolheu viver sua consagração. Os votos são teologicamente cristocêntricos. Antes de entender o voto precisamos entender Jesus Cristo, sua missão e seu destino. Antes de

134 A TEOLOGIA DA VIDA CONSAGRADA

viver o voto, precisamos contemplar como Cristo vivia esse voto na radicalidade. Antes de considerar todos os aspectos legais dos votos, que são importantes, precisamos considerar e orar a teologia que está por trás do voto e que dará sentido às nossas leis.

Finalmente, seria errado separar a reflexão dos votos da realidade de nossa opção fundamental e de nossa situação de concupiscência e fraqueza humana. Seria errado considerar os votos sem primeiro entender que são um processo de crescimento e de conversão que durará a vida toda. Nunca seremos totalmente fiéis à vivência dos votos. E Deus nunca exigiu isso de seus consagrados (Sl 103). Por isso, o consagrado assume toda uma vida de conversão cristocêntrica, para poder ser cada vez mais livre vivendo esses compromissos que levam a uma maior fidelidade à consagração. Os votos são fontes de libertação para poder amar a Deus e ao próximo radicalmente, o que é meta de toda a consagração religiosa.

I. O voto de pobreza

1. A teologia do voto de pobreza

a) O plano original do Pai (Gn 1–3)

O Pai Criador quis que toda a criação, ou o mundo material, fosse uma fonte que ajudasse o homem a reconhecer e amar seu Criador. O mundo material deveria ajudar o homem, criatura, a enxergar seu Criador e a ter um relacionamento de amor com ele. Deveria ser um caminho para chegar até a vivência do Primado do Absoluto (Sl 149; Dn 3,52-90).

Quando alguém cria algo, consciente ou inconscientemente deixa um traço de seu ser na coisa criada. *A coisa criada reflete seu criador*. Portanto, contemplando a coisa criada, podemos chegar a conhecer seu criador. Toda a criação, então, segundo o plano do Pai, deve ser uma fonte de *contemplação*, onde podemos *conhecer e experimentar o Criador*. Deveria ser um caminho para conhecer e ter intimidade com o Criador. Por meio das coisas criadas e materiais podemos chegar a enxergar "o rosto" e o "coração" do Pai Criador. Pelas coisas criadas, podemos chegar até um relacionamento de amor com o Criador. *Pobreza é, pois, um caminho para amar a Deus.*

O Pai Criador também criou tudo para que houvesse uma *harmonia* entre todas as coisas. Deve existir harmonia entre o Deus-Criador, o Homem, centro da criação feito à imagem do Criador, e o mundo material. O Pai criou o mundo para que todos tivessem o necessário para viver e para que não houvesse necessitados entre nós. O homem, portanto, deve ter um respeito profundo pelas coisas criadas. Mais uma vez, pela harmonia devemos chegar a ter uma experiência de Deus.

Em poucas palavras, as coisas materiais e criadas devem servir como ponto de partida para chegar até uma atitude de *culto e adoração do Criador*. Devem ser um ponto de partida para viver o Primado do Absoluto. Devem ser uma fonte de intimidade entre o Criador e suas criaturas. Teologicamente, a pobreza deve tornar possíveis a intimidade, o culto, a adoração e a harmonia com o Pai Criador.

A dinâmica consiste em que toda a natureza, por meio do homem, fica numa atitude de culto e adoração diante de seu Criador. Toda a natureza fica "voltada para seu Pai Criador" (Jo 1,1-2).

b) O pecado entrou no mundo

O homem, em seu profundo orgulho, rejeitou esse plano original do Pai Criador. O homem não quis chegar até a adoração e o culto de seu Criador. *Ele quis tudo isso para si mesmo.* Esse ato de desobediência-orgulho teve alguns efeitos terríveis que o autor de Gênesis descreve (Gn 3,1-24).

O homem simplesmente rejeitou sua situação de criatura. *Quis ser o Criador.* Quis ser igual a Deus. Por isso, caiu tão facilmente na tentação: "De modo nenhum vocês morrerão. Deus sabe que, no dia em que vocês comerem o fruto, os olhos de vocês vão se abrir, e *vocês se tornarão como deuses*" (Gn 3,4-5). Adão e Eva engoliram a grande mentira, porque, por mais que alguém quisesse, uma criatura nunca poderia ser "igual" ao seu Criador. O orgulho original foi exatamente esse: querer ser o que não pode ser! O homem rejeitou sua situação de "pobre de coração" e livremente optou por ser "rico de coração."

Resultado desse pecado foi que o materialismo entrou no mundo. O homem rejeitou abertamente o plano do Pai sobre as coisas criadas. Rejeitou a possibilidade de ver nas coisas criadas um caminho para reconhecer, amar e adorar seu Pai Criador. *O homem livremente inverteu o processo e exigiu que todas as coisas materiais dessem culto e adoração a ele*. O homem usa e abusa da natureza para ganhar culto e adoração para si mesmo, e recusa reconhecer o verdadeiro Criador. Livremente fecha os olhos e o coração para não enxergar o Pai. Essa atitude orgulhosa acabou com qualquer possibilidade de contemplação e de intimidade entre o Criador e sua criatura amada. O homem, com sua falta de pobreza, bloqueou todo o diálogo entre o Criador e a criatura.

Com a autoadoração da criatura *veio também a desarmonia*. O homem quebrou o equilíbrio natural entre Deus, o homem e o mundo criado. O homem perdeu o respeito pelas coisas criadas. Usa e abusa da natureza para seu próprio bem e para sua própria autoadoração. Se pudesse ganhar mais destruindo a natureza, ele o faria para ser mais poderoso. Acabou qualquer sentido de ecologia, e o homem começou a destruir a própria natureza. O homem não deixa mais que a natureza reflita seu Criador. *A natureza tornou-se um item de comércio e de ganância*.

No fundo, o homem trocou seu Absoluto. Não é mais o Pai Criador, mas seu novo deus é ele mesmo e as coisas criadas e materiais. Ele, num processo crescente de orgulho, exige a adoração das coisas materiais e fecha totalmente a possibilidade de chegar até o verdadeiro Absoluto, o Criador. Ele se torna uma criatura fechada para Deus, para seus irmãos necessitados e para a natureza. Fez e ainda faz a opção fundamental pelo "eu" de uma forma radical.

c) O acontecimento Jesus

O Verbo, o Filho de Deus encarnado, desceu do céu e "se fez carne" (Jo 1,1-14). E esse Filho de Deus encarnado assumiu toda a nossa condição humana e nossas fraquezas, menos o pecado (Hb 4,15-16). Mas o que é necessário contemplar muito é que *esse Filho de Deus livremente se aniquilou* (Fl 2,6-11) *e optou por ser pobre*. Acolheu e viveu a pobreza "de fato" e "de espírito". "Ele, embora fosse rico, tornou-se pobre por causa de vocês para com a sua pobreza enriquecer a vocês" (2Cor 8,9). A pobreza, em si, não é um bem e nunca foi vontade do Pai Criador que a pobreza existisse. De fato, é contra a vontade do Pai que qualquer coisa falte para o nosso desenvolvimento integral como filhos de Deus. O Pai quis que tivéssemos o necessário para nossa saúde e educação, uma moradia digna, trabalho e salário dignos, direitos religiosos etc. O Pai quer que todos tenham o necessário para crescer dignamente como seus filhos e filhas. Mas o Filho de Deus livremente optou por ser pobre, viver entre os pobres e cumprir sua missão entre os pobres (Mt 11,25).

Com esse grande gesto de pobreza, Cristo tornou-se o grande profeta do reino. Assumiu em sua vida pessoal, e depois com sua comunidade mais próxima (os doze), certos valores que estavam esquecidos em sua sociedade e na religião de Israel. Cristo veio para renovar e restabelecer a intimidade entre o Criador e suas criaturas. Cristo veio para devolver ao Pai Criador o culto e a adoração que o homem, em seu orgulho, recusava dar-lhe. Cristo renovou a possibilidade da experiência de Deus através das coisas da natureza e de coisas materiais. Cristo pregou a necessidade da partilha para que haja de novo equilíbrio e harmonia, não existindo necessitados entre nós. *Cristo, em poucas palavras, veio para restaurar o plano original do Pai Criador, que o homem destruiu com seu "coração de rico".*

Mas também Cristo-profeta veio para denunciar. Cristo veio para, energicamente, denunciar e condenar todos os valores do mundo que afastam o coração do homem de seu Pai Criador. Cristo condenou, também, tudo o que escraviza seus irmãos. Cristo rejeitou não só por palavra, mas também por vivência profética, aceitar qualquer coisa material como um absoluto em sua vida. Rejeitou o materialismo. Rejeitou uma sociedade e uma religião que não viviam uma atitude radical de partilha de bens. Rejeitou tudo o que não desse para todos uma oportunidade de desenvolvimento integral. Condenou o fato de poucos possuírem quase tudo e a maioria não ter o necessário para viver. Condenou a prepotência da criatura diante de Deus e dos coirmãos. Condenou os "ricos de coração" que, em sua profunda autossuficiência, não precisam nem de Deus nem de uma comunidade (Mt 19,23-24; Lc 12,15).

Cristo-profeta restaurou e reconciliou toda a humanidade com seu Pai Criador (Cl 1,13-20; Ef 1,3-14). Cristo reverteu o plano do homem orgulhoso, para poder introduzir de novo o plano de amor do Pai. Cristo introduziu novamente valores como adoração e culto ao Criador, harmonia e ecologia, partilha de bens e uma profunda fraternidade (*koinonia*). Cristo fez tudo isso vivendo o valor da pobreza de fato e de espírito. O processo começado por Cristo, em sua encarnação, ainda continua e somente estará completo no final dos tempos. Cristo vai exercer seu maior ato de pobreza quando devolver toda a criação cósmica ao Pai Criador em culto e adoração (1Cor 15,20-28).

d) A vida consagrada e o voto de pobreza

No contexto da consagração religiosa, o voto de pobreza teologicamente tem por finalidade a continuação da pobreza de Cristo. O religioso simplesmente quer continuar Cristo-profeta e assumir seu ser e seu agir pobre na história.

Em primeiro lugar o religioso deve ser profeta alegre para anunciar os valores evangélicos, que continuam a atitude pobre de Cristo. Ele anuncia que todas as coisas materiais são boas em si e que refletem a pessoa do Pai Criador. As coisas materiais são meios para conhecer, experimentar e amar ao Pai Criador. Todo o mundo criado deve ser uma fonte de contemplação, que me aproxima do Pai na intimidade. As coisas materiais devem levar-nos para a liturgia, na qual podemos chegar até o culto e a adoração do Pai Criador.

O religioso também busca, pelo voto de pobreza, aquela harmonia de vida entre Deus, o homem e as coisas criadas. Ele transmite um respeito profundo por todas as coisas criadas. O religioso precisa ter um forte senso da ecologia para ajudar a humanidade a perceber que está destruindo o dom que Deus nos deu. Ele usa a natureza com alegria e dirige tudo para Deus, cheio de agradecimento pela bondade divina.

O religioso, pelo voto de pobreza, profeticamente vive a fraternidade em comunidade. Vive a *koinonia* de forma radical. Assume uma vida radical de partilha de tudo o que é e tem, não só das coisas materiais, mas também de todos os seus dons e talentos. Assume uma vida de serviço, partilha e solidariedade para com os pobres que não têm o necessário para seu desenvolvimento integral.

O religioso profeticamente vive a relativização radical de todas as coisas materiais. Neste mundo de consumismo sem freios, o religioso alegremente profetiza que na vida dele há uma só posse importante, a de Deus, e que todo o mais é "lixo" (Fl 3,1-8).

E finalmente o religioso profetiza a volta do relacionamento Criador-criatura por meio da pobreza espiritual. Ele é um homem de oração e de contemplação. Tudo o que ele é e tem está dirigido para o Pai Criador em culto e adoração. Assume toda a sua fragilidade e dependência no amor e na salvação de Deus. Tudo isso é cristocêntrico. É simplesmente um continuar o que o Verbo Encarnado assumiu.

O religioso também assume o profetismo, isto é, a denúncia. Neste mundo pós-moderno, que cultiva o materialismo, o consumismo e o individualismo exagerado, o religioso, mais por vivência do que por palavras, tem de denunciar os males que vêm dessas crenças. O religioso precisa denunciar claramente qualquer lesão dos direitos dos filhos de Deus que não os deixa viver seu batismo. Qualquer falta de dignidade em seu desenvolvimento integral como filhos e filhas de Deus precisa ser denunciada. Precisa denunciar a tentativa de apagar cada vez mais, neste mundo secularizado, o sentido do sagrado que nos leva para a atitude de culto e adoração. Precisa denunciar com coragem o falso deus do "ter" como um absoluto nesta sociedade moderna. O religioso recusa viver a "idolatria" moderna do "deus do ter".

Mas, talvez, nossa maior denúncia esteja no campo da falta de fraternidade e partilha em nossa sociedade moderna. A grande distância entre os que têm e os que não têm está aumentando. Os pobres são mais pobres, e muitos já passaram da pobreza para a miséria. Miséria é um estado em que falta o essencial ao desenvolvimento integral de um ser humano. A miséria é uma bruta realidade em nosso continente pobre da América Latina. Rejeitamos igualmente os resultados dessa miséria vergonhosa entre nós em qualquer forma como a luta fratricida e violência em que o homem marginaliza, escraviza e mata seus irmãos. Os religiosos não podem ficar de braços cruzados diante dessa gritante injustiça que nos cerca.

Diante de tudo isso, então, o religioso alegremente assume uma vida de pobreza de fato e de espírito. *O consagrado vive a pobreza de fato e de espírito por opção alegre e consciente*. O religioso assume com alegria o mesmo caminho que o Verbo Encarnado assumiu. Ele quer continuar Jesus Cristo hoje pelo voto de pobreza.

II. A virtude da pobreza

1. O conceito de virtude

Quando tratamos das virtudes, encontramos duas possíveis interpretações negativas. Primeiro, sonhamos que uma virtude é algo grandioso, que vai acontecer uma ou duas vezes em nossa vida consagrada. Por exemplo, a respeito da pobreza, imagino que a virtude da pobreza aconteceria se eu ganhasse na loteria nacional e, dramaticamente, entregasse tudo ao superior! Mas, enquanto fico esperando ganhar na loteria, o que pode ser para sempre, eu não preciso praticar a virtude da pobreza! *Não percebo que a prática da virtude, na maioria das vezes, acontece nas coisas simples da vida cotidiana e não nas grandiosas*.

O segundo erro é não assumir o fato que a prática da virtude é essencialmente um processo longo e, às vezes, doloroso. A

O VOTO DE POBREZA

virtude não acontece com prática superficial. É preciso muito tempo para vivê-la com autenticidade e para superar as atitudes não evangélicas que estão em nosso coração. Em poucas palavras, a prática de uma virtude não é um ato isolado, mas sim uma porção de atos contínuos e conscientes na vivência de um valor. Não posso viver a virtude da pobreza apenas em atos ocasionais. Deve ser algo constante, que desemboca em atos concretos de pobreza em nossa vida diária.

A virtude é um modo de viver. É algo que, conscientemente, toca em minhas motivações na vivência cotidiana de minha consagração religiosa. É algo que diz respeito a minha opção fundamental por viver o Primado do Absoluto. Necessariamente precisa desembocar em atos concretos de vida. A virtude não é teoria, mas vida.

A virtude é algo que me leva a ter uma experiência de Deus. É espiritualidade. É um meio que me ajuda a perceber a presença de Deus e experimentar seu amor e sua salvação em minha vida. A pobreza deve despertar nossa insensibilidade durante o dia, para podermos experimentar Deus na vida.

Para ser virtude de fato, *tem de ser algo constante, concreto e consciente*. Algo que facilita minha vivência da consagração religiosa. A virtude precisa concretizar-se em verdadeiros atos de pobreza. A virtude não fica na teoria, mas atinge a vida. E falamos da vida de cada dia, e não de coisas excepcionais. A virtude leva-me a viver e praticar frequentemente o voto. É algo que também me questiona quando o oposto, o vício, manifesta-se em minhas opções. Quando não estou vivendo a virtude, ela me leva ao questionamento, à conversão, e me desafia a sair de minha opção pelo "eu" e a buscar um meio para viver minha consagração com mais autenticidade.

2. A virtude da pobreza

Basicamente a virtude da pobreza é a virtude da *esperança*. Ela me leva a buscar a viver a fraternidade evangélica e a *koinonia*. Para viver essa fraternidade, a virtude impulsiona-me a viver uma *pobreza de fato*, pela qual partilho tudo o que sou e tenho, com os outros na comunidade e com o povo pobre na missão. Ela me impulsiona a viver a *pobreza de espírito*, pela qual vivo imerso na inabalável confiança na Providência Divina. E isso cria em mim a esperança que a fraternidade dará certo mesmo e que esse Deus-Criador ama suas criaturas e fornece tudo o que elas precisam para seu desenvolvimento integral como seus filhos e filhas.

a) Pobreza de fato

A pobreza de fato sempre inclui dois aspectos: o aspecto pessoal, porque sou eu que livremente assumo esse voto para poder amar melhor a Deus e ao próximo, e também o aspecto comunitário e social.

O aspecto pessoal

A virtude da pobreza, em seu aspecto pessoal, exige do consagrado um *equilíbrio harmonioso diante de todas as coisas materiais e criadas*. Esse equilíbrio adulto manifesta-se na busca do *necessário* para seu desenvolvimento integral e na rejeição do *desnecessário*. Essa questão sobre o que é necessário ou desnecessário na vida é profundamente pessoal. O que para um seria necessário pode ser luxo para o outro e vice-versa. Por isso, tudo começa com a necessidade de discernir entre o que é necessário e o que é luxo na vida concreta. Exige-se muita meditação e grande honestidade para chegar até esse equilíbrio harmonioso. Exige-se também renúncia para deixar o desnecessário e acolher somente o necessário. Não se pode viver a pobreza sem renúncia.

O próprio mundo coloca diante de nós normas sobre o que é "luxo" e desnecessário e o que é necessário para viver como "gente". O próprio povo de Deus que servimos, cuja maioria vive em profunda pobreza, se não na miséria, pode ajudar-nos a discernir o que é luxo e o que é necessário. Como precisamos aprender com o povo pobre de Deus, que vive mais o sentido da pobreza evangélica e da partilha do que nós, os consagrados!

Certamente os documentos eclesiais sobre a América Latina, como Medellín, Puebla, Santo Domingo, e os documentos da CRB e da CLAR chamaram os consagrados a viver com *mais sobriedade*. É um apelo constante em quase todos os documentos nos últimos vinte anos. Sobriedade pode traduzir-se pela expressão "simplicidade de vida". É um apelo forte para deixar certas estruturas e certos privilégios que a sociedade e até a Igreja nos dão. Deixemos tudo isso para podermos ser profetas do reino, que vivem o que pregam. Exteriormente, na América Latina, nós religiosos mostramos uma aparência de "luxo", com nossas casas, carros, computadores, férias até no estrangeiro e grandes propriedades. Pode ser que dentro da comunidade vivamos na simplicidade. Pode ser que não. O certo é que será impossível sermos profetas para o povo se vivemos como ricos. Certamente a procura de uma vida em comunidades menores mais inserida nos meios populares forçou os religiosos a viver mais com e como os pobres que nos cercam. Nos últimos vinte anos, houve sem dúvida, na maioria das congregações, uma tentativa séria e honesta de viver com mais simplicidade e mais pobreza de fato. Mas ainda precisamos examinar-nos e questionar-nos sobre esse aspecto da virtude da pobreza. Em geral, podemos constatar que nós, religiosos, temos bens demais em nossos conventos. Há muitas coisas desnecessárias que atrapalham a eficácia de nosso profetismo. Se falhamos na simplicidade de vida, queiramos ou não começamos a fechar nosso coração a Deus e aos nossos irmãos pobres. A falha na pobreza real causa também uma falha em nossa pobreza de espírito. Sem a pobreza de fato, as coisas do mundo começam a ocupar o lugar central em nossa vida pessoal, comunitária e espiritual, e Deus é colocado cada vez mais na margem. A experiência de Deus torna-se mais uma teoria do que uma vida.

A virtude da pobreza exige, em nossa vida consagrada, *uma justa hierarquia de valores* entre as coisas materiais. Essa justa hierarquia de valores inclui necessariamente a renúncia alegre e livre de um valor material em favor de outro, principalmente quando em benefício do "outro". Por exemplo, vamos supor que você tenha pedido licença à comunidade para comprar algo extra. De repente, alguém na comunidade fica doente e a comunidade precisa comprar remédios, mas só tem o dinheiro que já deu a você. Que é mais importante nesse momento na hierarquia de valores? O que você deveria comprar, ou os remédios para seu irmão? Não é fácil chegar a essa hierarquia de valores. O mundo pós-moderno, com sua ênfase no individualismo, absolutiza "nossos direitos" acima de qualquer apelo que venha de fora. Precisamos de muita honestidade e de uma viagem para dentro de nós mesmos, para encontrar-nos com nosso verdadeiro "eu". Precisamos de muita conversão em nossas motivações, para vivermos com alegria essa hierarquia de valores.

A virtude da pobreza significa uma luta constante contra seus dois inimigos: o apego às coisas materiais e o orgulho. Esses dois inimigos, em graus diferentes, estão em todos nós como resultado da concupiscência. Todos precisamos confrontar-nos e superar as tendências dessa realidade em nós. Apego é o desejo e a busca de ter e possuir coisas desnecessárias em nossa vida. Tentamos justificar tudo, mas, num momento de silêncio, precisamos discernir se tal coisa de fato é necessária ou não em nossa vida. Só isso pode libertar-nos do apego. Sem momentos fortes de silêncio é difícil viver a virtude da pobreza.

O orgulho, pelo qual exigimos que o louvor que deve chegar a Deus fique somente conosco, opõe-se mais à pobreza espiritual. Repetimos o mesmo pecado de Adão e Eva. Recusamos nossa condição de criaturas e exigimos a adoração de nós mesmos. Muito de nossa vida é motivado pelo "eu" e não pelo "outro", o que atrapalha o culto e a adoração do único e verdadeiro Deus. Somente o confronto com nossas motivações pode libertar-nos. Quem tem a coragem de confrontar-se com suas motivações é capaz de sentir a insatisfação que dá início ao processo de conversão.

O aspecto comunitário e social

A pobreza é vida e a realidade que nos confronta dramaticamente é o pecado social que nos cerca. Como profetas, não podemos ficar insensíveis a essa realidade triste e injusta. Religiosos, pela virtude da pobreza, precisamos ter *uma grande sensibilidade pela justiça social*. Antes que possamos profetizar no mundo, denunciando a gritante injustiça de nossa sociedade, precisamos primeiro tornar-nos sensíveis para perceber se as mesmas estruturas pecaminosas e opressoras não existem em nossas próprias comunidades. A conversão para a justiça social começa em casa. Muito da filosofia do neoliberalismo já existe em nossas comunidades, disfarçada e justificada com outros nomes, mas sendo a mesma coisa.

Um religioso, especialmente na formação inicial, precisa de cursos sobre a realidade política, econômica e social de seu continente pobre, para poder ter senso crítico e para poder ler os sinais dos tempos. Sem essa informação é difícil anunciar e denunciar como profetas do reino.

b) Pobreza de espírito

A pobreza de espírito é mais difícil de viver do que a pobreza real. Talvez por essa razão Mateus apresentou a primeira bem-aventurança como sendo "bem aventurados os *pobres de espírito*" e não "os pobres de fato" (Mt 5,3).

A pobreza de espírito é uma atitude que brota do interior do consagrado que reconhece em toda a sua realidade que somos criaturas e não criadores. É uma atitude alegre. É basicamente uma humildade libertadora, que aceita com paz toda a nossa limitação humana diante de um Pai Criador que nos ama e quer salvar-nos.

Pobreza de espírito é viver na alegria e na certeza que *tudo vem de Deus*. É uma atitude radical no reconhecimento dessa verdade. É uma atitude de *profunda gratidão* diante de um Pai que cuida de seus filhos (Mt 7,11). É reconhecer que meus dons, meus talentos, todas as coisas materiais, as graças, os sacramentos, até minha própria consagração são dons que vêm da bondade de Deus que me ama. Por detrás do dom está o reconhecimento do amor de Deus; essa é a alma do ser pobre em espírito. Mas essa atitude vai mais fundo. Se tudo vem de Deus, então o consagrado, mais cedo ou mais tarde, *precisa devolver tudo ao Pai Criador, em atos de culto e adoração*. Esse ato de culto e de adoração é o ato mais sublime de pobreza que podemos praticar. É o tema central de muitos salmos e é a atitude de pobre que está na inspiração do famoso cântico das criaturas de São Francisco.

Pobreza de espírito é também uma *confiança inabalável na Providência Divina*. Como criaturas, assumimos nossas limitações e percebemos que podemos com alegria ir à fonte de todo bem e pedir as coisas necessárias em nossas vidas. O Pai vai fornecer o necessário para nosso desenvolvimento integral em todos os aspectos de nossa vida humana e espiritual. Confiar na fidelidade de Deus Pai e mergulhar nessa fidelidade é viver a pobreza de espírito (Lc 11,9-13).

Nesta idade pós-moderna, a parte mais difícil da pobreza de espírito é a virtude da dependência de nossa pessoa com relação à Santíssima Trindade. É humildade. *É reconhecimento e aceitação de nossas limitações humanas, espirituais e psicológicas*. É acolher nossa concupiscência, aceitar que não podemos superar tudo, aceitar que, diante da realidade dos espinhos em nossa carne, "basta-nos a sua graça" (2Cor 12,7-10). É assumir com tranquilidade que o amor de Deus é maior que nossa fraqueza humana. É assumir nosso ser de criatura, que é por natureza fraca, limitada e capaz de pecar. Por isso, o pobre de coração percebe que é um ser dependente e que *precisa de um Salvador*. Não podemos salvar a nós mesmos, mas a eterna tentação é acreditar que somos capazes de fazer tudo por nós. Porém Deus, em seu imenso amor, quer salvar-nos de tudo o que nos impede de viver nossa consagração com fidelidade. Mas o difícil para o homem moderno aceitar é que tudo isso seja um processo. A salvação é um processo contínuo. Um processo que vai até a morte. Vivemos e morreremos imperfeitos. O processo de salvação, que começou com o sacramento do batismo, continua desenvolvendo-se durante toda a minha caminhada. Pobreza espiritual é ter a paciência que esse processo aconteça em mim, e que a história de minha salvação, pessoal e comunitária, possa acontecer. Por isso, somos seres dependentes, precisando do dom da salvação. Mas a pobreza concretiza-se no reconhecimento que a salvação é um dom livre de Deus, que ele loucamente quer dar-me! Por isso, precisamos ir à fonte desse dom diariamente e beber dessa copiosa redenção (vida de contemplação). É toda uma vida de conversão que consiste em mudar minha profunda autodependência em uma dependência libertadora no amor, na misericórdia e na salvação de Deus.

Por isso, pobreza de espírito é assumir uma vida toda de *conversão na pessoa de Jesus Cristo*. Toda a conversão na pobreza é cristocêntrica. Ele é o Mestre que viveu na radicalidade essa pobreza de fato e de espírito. Pobreza é assumir o discipulado diante do único Mestre, que é a luz e o único caminho para o Pai Criador (Mt 11,27). Nunca poderemos assumir o título de "Mestre", porque há somente um Mestre, Jesus Cristo (Mt 23,10). A pobreza de espírito, pois, exige do discípulo *uma atitude de escuta diante das palavras do Mestre*. Exige uma leitura assídua da Palavra de Deus. Exige *um olhar contemplativo voltado para o Mestre*, para conhecer como vivia a pobreza e depois continuar sua pobreza no mundo e no reino. Pobreza de espírito significa estar no rabinato de Jesus, buscando intimidade com o Mestre. É deixar que o Mestre nos conduza para a conversão em sua pessoa. Ele renova em nós o plano original do Pai, que nos liberta e nos leva para a intimidade e o amor a Deus e ao próximo.

c) Espiritualização de todas as coisas criadas

A virtude da pobreza é a espiritualização de todas as coisas criadas. Espiritualização nesse sentido significa "encher algo ou alguém com o Espírito Santo". É a tentativa de usar todas as coisas materiais em nossa vida num espírito de culto e adoração. É transformar algo puramente "profano" em algo "espiritual", renovando em nossa vida pessoal e comunitária o plano original do Pai. Todas as coisas materiais poderiam levar-nos a uma experiência de Deus. Podem levar-nos a amar a Deus e ao próximo. É deixar nossa grande insensibilidade, para perceber Deus em tudo e em todos. É deixar conscientemente espaço para Deus invadir nossa vida para que possamos ver, tocar, experimentar e celebrar sua pessoa *através das coisas materiais*. Por isso, a virtude da pobreza é algo alegre e nunca triste, até quando exige de mim renúncia ou conversão. É um convite para celebrar Deus o dia inteiro. É chegar até o Pai exatamente por meio das coisas materiais, sem nos deixar cegar pelo consumismo e pelo materialismo de nossa sociedade. Por meio das coisas materiais, *podemos ficar em comunhão com o Pai Criador*.

d) *Koinonia*

A virtude da pobreza começa e termina em nosso coração de consagrados. Mas é vivida em sua plenitude no contexto de uma comunidade religiosa. Não se pode separar a virtude da pobreza da vivência de uma vida comunitária. É lá que se realiza mais plenamente a virtude. Foi por isso que o próprio Filho de Deus escolheu viver sua pobreza num contexto comunitário. Numa comunidade, somos convidados a viver e profetizar o relativismo das coisas criadas, para poder enxergar o Único Absoluto. É lá que somos convidados a viver, na pele, a partilha de todas as coisas de uma forma radical. Tudo o que somos e temos está colocado "em comum" e vivemos a dinâmica evangélica da pobreza, através da doação aos outros do que é meu e do receber dos outros o que é deles. "Todos os fiéis viviam unidos e tinham tudo em comum" (At 2,42-47). "Nem havia entre eles nenhum necessitado" (At 4,32-35).

Vivemos uma comunidade de apoio para sermos mais fiéis ao nosso profetismo, assumindo uma vida de pobreza para continuar Jesus Cristo hoje. Vivemos numa comunidade que profetiza a certeza que a fraternidade e a partilha são possíveis e que, de fato, são a melhor alternativa diante do individualismo, do consumismo, do egoísmo gritante e da não partilha dos bens que são valores de nosso mundo. Nossa comunidade precisa ser mesmo uma luz na escuridão de tantos sofrimentos causados pela ganância de nossa sociedade pós-moderna. Há, então, a necessidade de o povo poder ver mais de perto o nosso modo de viver e as virtudes que queremos profetizar. Há necessidade de vivermos mais perto do povo pobre que evangelizamos.

III. A prática do voto de pobreza

Nossa visão básica do voto de pobreza tem muito a ver com nossa maneira de viver nossa consagração. O voto de pobreza é uma visão evangélica sobre as coisas criadas e materiais. Desde o acontecimento do Verbo, que desceu e se fez pobre por opção, a pobreza tornou-se em um valor evangélico (2Cor 8,9). Cristo abraçou com alegria esse valor e pediu que sua comunidade íntima assumisse esse mesmo valor. Portanto, *é algo profundamente positivo* e que não pode ser negativo, nem em sua visão, nem em sua vivência. É claro que a prática da pobreza exige renúncia. Cristo nunca escondeu esse aspecto da pobreza (Mt 8,20). Mas a pobreza deveria chegar até a ser uma renúncia alegre, pessoal ou comunitária. É um meio para viver o Primado do Absoluto. A pobreza não é triste nem negativa. Para os que receberam uma visão somente canônica ou legalista, a prática da pobreza pode ser algo difícil e pesada. Sua visão básica do voto leva a isso. Infelizmente, alguns religiosos nunca descobriram essa alegria evangélica porque ficam somente na "lei" e na renúncia obrigatória de coisas. É uma visão profundamente negativa. Muitos limitam a prática da pobreza a "quanto dinheiro posso ter no bolso sem pecar!". Por isso, nunca traduziram o voto na busca diária do rosto do Pai Criador através das coisas materiais. Para muitos religiosos a primeira conversão para a pobreza consiste na mudança de sua visão teológica. Somente essa visão purificada pode ajudar-nos a experimentar o que Cristo experimentou e celebrou em sua vida pessoal e com sua comunidade.

A prática da pobreza exige uma leitura crítica da pós--modernidade que nos trouxe tantos valores, mas também permitiu que vários valores antievangélicos entrassem em nossos conventos. Precisamos de muito senso crítico para discernir e enfrentar as coisas que poderiam estragar uma vivência alegre e profética da pobreza (Rm 12,2). É claro que essa leitura crítica começa no coração de cada consagrado, mas precisa chegar também a um discernimento comunitário. A influência da sociedade é muito forte e somos bombardeados constantemente com

150 A TEOLOGIA DA VIDA CONSAGRADA

esses contravalores. Consumismo, individualismo exagerado, "liberdade" como uma justificativa para possuir tudo o que desejo, uma independência cada vez mais forte em nossas comunidades que impede a vivência da *koinonia*. Tudo isso ajuda a apagar o "sagrado" em nossa vida consagrada e a tornar-nos incapazes de enxergar Deus ao nosso redor. Por isso, o caminho de libertação é o *confronto com nossas motivações pessoais e com as motivações da comunidade*. Confronto é a busca da verdade sobre nossas motivações. Sem confronto é difícil viver a pobreza profeticamente.

1. Honestidade

O problema básico com a prática da pobreza está em nosso "querer demais". O problema da pobreza começa em nosso interior e não em nosso exterior. Tudo começa no desejo de possuir o desnecessário. De fato, queremos demais, e caímos na mesma tentação ou mentira que tal coisa, e não Deus, vai salvar-nos, vai complementar-nos e realizar-nos. E pulamos de um "querer material" para outro, sem paz e sem sossego no coração. O mal que vem dessa busca de felicidade através das coisas materiais é que nosso coração se fecha a Deus e aos necessitados, seja na comunidade, seja no apostolado. Colocamos essas coisas materiais como absolutos no lugar de Deus e dos irmãos. Deus fica à margem, enquanto buscamos essas realizações materiais. Paramos de rezar com honestidade quando estamos num desvio, aceitando algo de material como nosso absoluto. De fato, a oração e a contemplação param dramaticamente. A *koinonia* para dramaticamente. Da mesma forma, a partilha de bens desaparece da vida da comunidade. Entramos, em outras palavras, no processo de mudar por coisas materiais o nosso absoluto, Deus e nossos irmãos. Começamos a viver uma atitude contrária à aliança de nosso batismo. Começamos a mudar nossa opção fundamental.

Somente a honestidade pode libertar-nos desse processo antievangélico. Mas essa honestidade somente vem com a meditação ou com aquela viagem ao centro de nós mesmos, onde nos encontramos com nosso verdadeiro "eu" e com nossas verdadeiras motivações. Somente isso pode começar um caminho para a conversão e a libertação. O perigo é fugir do silêncio nesse momento, quando o Espírito Santo já está provocando a insatisfação em nosso coração. A verdade nua e crua é que o silêncio é o único caminho para a libertação. A honestidade vai esclarecer se nossa motivação está na linha do "eu" ou do "outro". O Espírito Santo, no silêncio, vai esclarecer nossa opção fundamental. No silêncio de nosso coração vamos "ouvir" a orientação do Espírito Santo que nos leva a escolher a obediência diante da vontade do Pai. Sem pobreza de espírito, não há escuta, nem obediência, nem conversão.

O Espírito Santo também nos dirige através da comunidade. Quando há abertura diante das orientações da comunidade, há pobreza de espírito e suas consequências, isto é, a honestidade e a conversão. A comunidade pode ajudar-nos muito no discernimento entre o que é o necessário e o que é o desnecessário. Como precisamos abrir-nos muito mais para que a comunidade possa levar-nos para uma maior abertura e honestidade! Precisamos de meios para que isto possa acontecer dentro da realidade de uma comunidade religiosa.

A comunidade toda também precisa abrir-se à palavra de Deus, aos sinais dos tempos, às orientações de sua congregação e dos capítulos para discernir entre o que é necessário e o que é desnecessário. Toda a comunidade precisa buscar a honestidade, especialmente nos momentos fortes de discernimento sobre a prática da pobreza. Muitas coisas desnecessárias entraram em nossos conventos por falta de honestidade e de abertura ao Espírito Santo. O "querer" da comunidade também precisa de questionamento e discernimento.

2. Generosidade

Não podemos viver a pobreza como solitários. Exceto os eremitas, os religiosos vivem a pobreza no contexto de uma comunidade religiosa e apostólica, e também no contexto de uma sociedade concreta. A pobreza exige a atitude evangélica e alegre de sermos generosos com os dons, talentos, apostolados e serviços na comunidade, na Igreja e no mundo. No fundo, é o dom de *querer partilhar com os outros, que recebemos pessoalmente de Deus*.

Nossa generosidade e nossa capacidade de sair de nós para doar o que é nosso aos outros nascem da contemplação do próprio "Deus-doador de si mesmo" (S. Afonso). Toda a história da salvação é a história da pobreza de Deus que livremente partilhou com sua criação todo o universo por ele criado (Gn 1,26-31; Sl 8). Sem a contemplação desse Deus-pobre seria difícil chegar a uma atitude de generosidade na partilha de nossa vida com os outros. A generosidade impulsiona-nos a superar a tendência de guardar as coisas somente para nós mesmos (apego). Ela exige a livre doação de nossos dons, que nos impulsiona a superar a grande tentação de buscar a autoadoração por causa de nossos dons e talentos (*egoísmo e orgulho*). Mais uma vez, o segredo que pode libertar-nos de tudo isso é o confronto com a motivação que nos leva a partilhar nossos dons. Estamos buscando o "outro", o que é a pobreza evangélica, ou estamos buscando nosso "eu", o que é uma opção pelo egoísmo. Jesus vivia essa generosidade na radicalidade e pediu a mesma radicalidade de seus apóstolos: "Recebestes de graça, de graça dai!" (Mt 10,8).

Essa generosidade na pobreza exige *revisão pessoal e comunitária*. Como é fácil cair no comodismo que estrangula toda a generosidade em nós. Ao invés de sermos sinais proféticos de Cristo pobre, tornamo-nos funcionários públicos que exigem um preço para a "doação" de seus dons. Os meios para essa revisão estão em nossas constituições congregacionais: direção espiritual, confissão bem preparada, revisão de vida comunitária, leitura espiritual, meditação do evangelho etc.

3. Espiritualização de todas as coisas

Quando somos pobres de fato e de espírito, abrimos espaço para que o Espírito Santo possa agir em nós. Ele é o "Pai dos

O VOTO DE POBREZA   *153*

pobres". Ele precisa de terra fértil para realizar suas maravilhas em nós. Ele é fiel e vem ajudar-nos a viver a pobreza através das coisas materiais e através de nossa própria fraqueza humana (2Cor 12,10). Ele derruba nossa profunda incapacidade de enxergar o Pai Criador em tudo. Ele nos dirige ao culto e à adoração. Mas nós precisamos usar alguns meios concretos, que darão espaço para o Espírito Santo em nossa vida. A prática da pobreza exige o uso de meios que abrem nosso coração ao Espírito Santo. O meio principal é a oração, na qual damos espaço para que o Espírito Santo entre em nossa "casa" ou em nosso "templo". Não é segredo que a oração falta na vida de muitos religiosos. Falamos de uma oração que gera vida, e não uma oração puramente formal, que não toca no coração do consagrado. Uma espiritualidade que leve a atos concretos para chegar à experiência de Deus também é uma necessidade absoluta na prática da pobreza. Quando usamos esses meios, o Espírito revela-nos a presença amorosa do Pai Criador em tudo: na natureza, na sociedade, na liturgia, nas refeições comunitárias, nos pobres que servimos. O Espírito ajuda-nos a enxergar o Pai e a chegar até o culto e a adoração. Podemos ter uma experiência de Deus o dia todo através da pobreza. Tudo é por Cristo, com Cristo e em Cristo, na unidade do Espírito Santo, para a glória de Deus Pai. Isso é pobreza!

4. Pobres de fato

O apelo para vivermos mais simples e mais pobres de fato está claro em todos os documentos sobre a pobreza. A urgência dessa simplicidade de vida aumenta mais ainda quando acolhemos a realidade da miséria aqui, em nosso continente pobre. Nós, religiosos, não somos chamados a aceitar a miséria. A miséria é totalmente contra a vontade do Pai. Pode acontecer que, entre nós, religiosos, alguns sejam chamados a serem profetas extremos da pobreza, assumindo uma vida de miséria. Essa decisão, de passar da pobreza material à miséria, deve ser discernido entre o religioso e seus superiores. Precisa ser uma decisão com clara motivação e que seja uma busca da vontade do Pai na vida do consagrado. Exige-se muita fé, muita maturidade e muita alegria evangélica para viver a miséria entre os miseráveis de nossa sociedade, vivendo com eles e como eles. Nem todos os religiosos são chamados para isso.

Mas em sua grande maioria os religiosos são chamados a viver a simplicidade de vida como profecia contra os valores antievangélicos da pós-modernidade (Mt 6,19-34). Precisamos buscar, individual e comunitariamente, o necessário para nosso desenvolvimento integral. Aqui entra a necessidade de muita honestidade como foi dito acima. É impressionante como vivíamos muito mais simples no passado, quando tínhamos todos a mesma roupa, os mesmos móveis em nossos quartos, e quando, em geral, a maioria das coisas eram colocadas "em comum". Muitas coisas mudaram. Não estou invocando um saudosismo caduco. Houve erros nesses tempos também. Algumas dessas mudanças, que acompanharam a pós-modernidade, foram boas e fizerem os indivíduos e as comunidades mais humanos e mais fraternos.

No entanto, por outro lado, algumas coisas mudaram em nome da "autorrealização" e do "individualismo", que simplesmente justificaram muitas coisas desnecessárias em nossa vida e em nossos conventos. É impressionante notar como podemos justificar tudo em nome da "evangelização" e do "apostolado". E assim "escandalizamos" os pobres que veem, mas não entendem isso. E a verdade é que muitas dessas coisas desnecessárias nunca chegaram a ser utilizadas no apostolado. Ficaram como propriedade pessoal de certos indivíduos da comunidade, e que Deus proteja os membros da comunidade que questionam ou mexem com essas coisas pessoais. Por exemplo, uma comunidade que precisa de um computador, de repente precisa de dez, porque todos querem ter o seu próprio. Perdemos o sentido mais agudo de partilha em nossa sociedade moderna. Há individualismo demais em nossas comunidades hoje em dia. Surgiram com isso muitos efeitos colaterais. Competição, inveja e ciúmes, secularização, insensibilidade para a presença de Deus e uma grande insensibilidade diante da realidade social de pobreza e de miséria que nos cerca. Rezamos menos e muitas coisas "sagradas" são colocadas em segundo lugar. Algumas comunidades religiosas já nem rezam comunitariamente.

Um dos grandes problemas comunitários para discernir "o que é necessário e o que é desnecessário" são as diferenças que existem entre nós. O que é necessário para mim seria "luxo" para o outro e vice-versa; e essa realidade causa atrito e divisão ou um estado de inércia. Ficamos sem querer confronto ou sem querer decidir, e tudo fica "na mesma". Ficamos acomodados em nossa pobreza e optamos pelo que é mais fácil, ao invés de buscar a vontade de Deus sobre nós em circunstâncias concretas. Não podemos viver a pobreza em comunidade sem momentos de tensão e de confronto na procura de maior fidelidade. A prática da pobreza exige que cheguemos ao confronto comunitário e à busca da libertação. Precisamos chegar até decisões concretas, que poderão ser revistas e avaliadas mais tarde. Não é questão de saber quem vai ganhar, mas sim de diálogo honesto. A pobreza leva a buscar a vontade do Pai e a executar essa vontade que exige muito diálogo aberto e honesto.

Espero que essas colocações sobre a teologia, a virtude e a prática da pobreza tenham aberto nossa visão a respeito desse voto, que deve ser algo muito alegre em nossa vida. Quando éramos mais jovens, sonhávamos ser mais radicais nesse voto. Alguns eram tão fiéis na busca da simplicidade que sua profecia tocou a todos na comunidade. Outros perderam algo. Alguns desistiram porque não acharam apoio ou bom exemplo. Foi uma tristeza ouvir isso de muitos religiosos jovens que o partilharam comigo, especialmente nos cursos em preparação dos votos perpétuos. Com o tempo podemos ter optado por certo comodismo, deixando de buscar esse meio fantástico para viver nossa aliança batismal de uma forma radical, motivados pelo amor a Deus e ao próximo. Em geral, precisamos de uma conversão na pobreza aqui na América Latina. Precisamos redescobrir a teologia rica desse meio para vivermos a consagração que o próprio Cristo assumiu e viveu. Que o Espírito Santo, o pai dos pobres, dirija seus consagrados para uma renovação profética da pobreza evangélica.

Capítulo X

O VOTO DE CASTIDADE

I. A teologia do voto de castidade

Nenhum voto tem recebido tanta atenção, dentro e fora da Igreja, quanto o voto de castidade. Parece que muitos leigos, e até alguns religiosos, confundem esse voto com o próprio ser da vida consagrada. O voto de castidade, como a pobreza e a obediência, é somente um meio essencial para poder viver o Primado do Absoluto segundo a própria opção de Jesus Cristo. Parece que a profecia desse voto incomoda nosso mundo, onde o hedonismo foi aceito por muitos como um valor. Por isso, muitos críticos tentaram derrubar a noção do celibato religioso como algo do passado, que não tem lugar em nosso mundo moderno. Pior, alguns religiosos nas últimas décadas tentaram justificar a vivência da "terceira via". A terceira via e outras ideias na mesma linha dizem que religiosos podem viver a castidade e ainda gozar de uma vida sexual com os mesmos direitos de um casal cristão. Entre nossos formandos existem muitas dúvidas sobre a castidade, que vêm da influência da própria sociedade pós-moderna sexualmente permissiva.

Mais uma vez, acho que o que faltou nesses últimos anos foi um estudo teológico e holístico sobre o sentido do voto de castidade, no contexto da consagração e do desejo de viver a aliança do batismo de uma forma radical na Igreja. Substituímos a teologia, sem nenhum senso crítico ou bíblico, por algumas teorias questionáveis e pelo próprio hedonismo, que simplesmente não combinam com a rica teologia evangélica que sempre cercou esse voto. A castidade, em primeiro lugar, fala de um amor radical a Deus e ao próximo, e não da impossibilidade de casar. O celibato cristão é motivado pelo amor, e a vida celibatária é o resultado de uma opção adulta e livre por essa motivação mais profunda. Quem não quer amar Cristo e os membros do reino numa forma radical, não pode celebrar e viver a castidade cristã. Sem um amor fogoso, é difícil ser profeta da castidade nesse mundo.

Desde o começo da vida consagrada, no século quarto, foram apresentadas quatro razões teológicas para a vivência do voto de castidade. As várias épocas frisaram uma ou outra dessas razões teológicas, segundo as circunstâncias e a ênfase teológica do tempo, mas essas quatro razões sempre estiveram presentes. Infelizmente, muitos não recebemos essa rica teologia em nossa formação inicial. Mais do que em qualquer outro voto, nossa formação na castidade foi muita legalista e mais na linha do "não pode fazer" do que na linha da descoberta da aventura e do desafio incrível que é viver a castidade. O voto causou, e ainda causa, muito medo, vergonha e tristeza em alguns religiosos, e muita escrupulosidade em outros. Dos formandos exigia-se uma "perfeição" irreal na área afetiva e sexual da personalidade, o que fez com que muitos sofressem por muito tempo. Não se ensinava que *a castidade é um processo*, e que haverá obstáculos a serem superados antes de vivermos plenamente essa virtude evangélica. Talvez o pior efeito dessa formação legalista tenha sido a tentativa de formar os religiosos como pessoas "assexuadas", quer dizer, pessoas totalmente "sem sexo", o que impedia a própria eficácia da profecia alegre do voto de castidade. A falta de formação correta transformou alguns religiosos em "solteiros e solteironas" frustrados e tristes. Essa formação tolhia todo o desenvolvimento humano e espiritual de pessoas alegres, afetivas, sexuais e amáveis como o próprio Jesus nos evangelhos. Vamos examinar essas quatro razões teológicas.

158   A TEOLOGIA DA VIDA CONSAGRADA

1. A razão escatológica

Escatológico é o que se refere ao futuro, às coisas definitivas. Na teologia cristã, a escatologia refere-se ao "reino definitivo", ao como as coisas serão quando Cristo voltar em sua glória para introduzir o reino definitivo de seu Pai por toda eternidade.

Há no coração do homem a eterna tentação de absolutizar o mundo criado e sensível. O mundo criado, depois da queda de Adão e Eva, tudo faz para desviar os olhos e o coração do homem de seu destino final, que é a vida eterna com o Pai Criador, com o Cristo Salvador e com o Espírito Santificador (Mt 4,8). O mundo fascina e distrai o homem, levando-o a se esquecer de Deus e a concentrar todos os seus esforços no mundo presente (Lc 9,25). É um tipo sutil de *idolatria*. O homem deixa Deus e começa a "adorar" prazeres e pessoas no lugar do único Deus. O homem moderno faz tudo para não ter de meditar nos assuntos inevitáveis de sua vida, como a morte e o julgamento diante de Deus. E nada mais do que os prazeres, aceitos como valores absolutos, pode tirar o homem da contemplação e da preparação desse fim inevitável e definitivo. Sua eternidade é determinada durante sua vida atual, e o homem tudo faz para fugir dessa realidade.

Teologicamente, pois, Deus quis que existisse uma ajuda, uma profecia viva que levasse o homem a pensar em se preparar para suas últimas realidades, apagando o fascínio exagerado exercido pelo mundo criado e por seus prazeres aceitos como valores absolutos. O mundo, como nós o conhecemos, terá um fim, e terão início as coisas "novíssimas" (Mt 16,27; Lc 12,40): a morte, o julgamento particular, o fim do mundo, a segunda vinda triunfante de Cristo Redentor, o julgamento final, o céu e o inferno, a ressurreição em corpo e alma de todos os fiéis (Mt 25,31-46). Deus escolheu e ainda escolhe alguns homens e mulheres batizados para serem seus profetas e suas profetisas a proclamar que "os novíssimos virão!".

Nesse mundo tão secularizado, que absolutiza o prazer como um "deus", Deus chama alguns para viver a castidade como

O VOTO DE CASTIDADE

sinal profético e escatológico de que "os novíssimos virão". Quem livremente assume o voto de castidade será, por profissão, profeta do reino. Primeiro, anuncia que *o "reino" já chegou*. Pelo voto de castidade, os religiosos mostram, por sua vida celibatária, que já vivem "os novíssimos". Eles já vivem o que deverão ser na segunda vinda de Cristo. Eles não se casam para poder mostrar como o reino será no fim dos tempos, quando "de fato, na ressurreição, os homens e as mulheres não se casarão, pois serão como os anjos do céu" (Mt 22,30). Eles não se casam, não porque o casamento seja algo inferior, mas porque foram chamados a ser "parábolas vivas" do reino que vem, para poder ajudar o homem a enxergar seu fim definitivo e teológico.

Essa razão teológica foi a que o próprio Jesus assumiu em sua vida celibatária. Foi a motivação que apresentou aos membros de sua comunidade mais próxima, quando pediu que assumissem o mesmo caminho: "Jesus disse: 'Nem todos entendem isso, a não ser aqueles a quem é concedido. De fato, há homens castrados, porque nasceram assim; outros, porque os homens os fizeram assim; outros, ainda, castraram-se *por causa do reino do céu*. Quem puder entender, entenda'" (Mt 19,12). O consagrado anuncia, no mundo e na Igreja, as verdades sobre os novíssimos, especialmente o final feliz dos ressuscitados que viverão como Cristo glorificado no reino definitivo (Fl 3,21). A castidade é um sinal que profetiza *a fidelidade de Deus diante de sua promessa de salvação aos batizados*. Eles terão a mesma recompensa de Cristo no reino definitivo (1Jo 3,2; 1Ts 4,15-18). Os novíssimos virão, e a castidade é seu sinal profético.

Os celibatários-profetas também fortemente denunciam com sua vida qualquer fascinação pelo mundo ou pelo prazer como absoluto que substitua ou rejeite o único absoluto, Deus. Não aceitam ser enganados pela tentação de substituir seu Deus por um prazer ou por uma pessoa que queira tomar o lugar de Deus em sua vida. Denunciam a idolatria moderna, que absolutiza os prazeres como absolutos. Denunciam uma Igreja e um mundo que rejeitam o conceito de serviço evangélico, para poder justificar seu individualismo selvagem. Rejeitam o

160 A TEOLOGIA DA VIDA CONSAGRADA

hedonismo que cega o coração para Deus e especialmente para o irmão em necessidade. Eles livremente optam por uma alternativa evangélica, a castidade. A castidade evita a tentação de absolutizar o prazer e tenta transformar qualquer prazer na linha da doação e do serviço.

2. A razão do Primado do Absoluto

Essa razão teológica foi a apresentada no documento sobre a vida consagrada no Concílio Vaticano II. O consagrado, por sua castidade, entra no processo de alcançar um "coração indiviso". A imagem usada para ilustrar esse conceito teológico é a do coração, símbolo de toda a capacidade humana de amar e ser amado. Castidade, pois, é uma tentativa de dirigir toda a dinâmica de nossa afetividade e sexualidade para Deus. É algo radical. É "amar Javé, seu Deus, de todo o seu coração, com toda a sua alma e com toda a sua força" (Dt 6,5; Jr 24,7; Ez 36,26-28)!

Essa teologia apresenta o casamento entre cristãos como algo lindo, cuja profecia reflete o amor do Criador às suas criaturas. Mas o consagrado livremente opta por não se casar, para poder ter um amor totalmente humano e sexuado dirigido somente para Deus. Mais uma vez é radical, porque o coração é indiviso. Todo o amor do consagrado é dirigido para Deus. A castidade, no fundo, é *culto e adoração*. É uma vivência radical do Primado do Absoluto.

Essa teologia fala de todo o processo de intimidade com Deus e do processo humano de inflamar-se mais no amor a Deus através do serviço ao próximo. Não há um dualismo aqui. O celibatário vê Deus em tudo e em todos e quer amar esse Deus direta (*vida de contemplação e liturgia*) e indiretamente nas pessoas que surgem em sua vida (*serviço apostólico*). Nesse processo de querer dirigir todo o seu amor a Deus, não pode dividir o coração com um outro (casamento – família). Isso não significa que não deve amar. O documento do Vaticano II expressa bem esse conceito: "Pois libera de modo singular o coração do homem (1Cor 7,32-35), para inflamar-se mais na caridade de Deus e dos homens todos" (*Perfectae Caritatis*, n. 1250). De fato, a castidade significa que devemos amar a todos de uma forma radical. Essa teologia supõe que, mais cedo ou mais tarde, a motivação por detrás de todo o nosso amor deve estar dirigida para Deus. É radical. Significa todo o processo de ficar "apaixonado por Deus", não por obrigação, nem por leis, mas porque o consagrado descobriu que Deus o amou primeiro de forma radical. "Nisto se tornou visível o amor de Deus entre nós; Deus enviou o seu Filho único a este mundo para dar-nos a vida por meio dele. E o amor consiste no seguinte: não fomos nós que amamos a Deus, *mas foi ele que nos amou e nos enviou o seu Filho como vítima expiatória por nossos pecados*" (1Jo 4,9-10).

Esse amor radical a Deus, diretamente na contemplação e indiretamente pelo serviço apostólico, exige sinais concretos de amor a Deus, senão é falso. Não pode ser uma teoria, que termina em especulação intelectual. Tem de ser vida, e com atos concretos de amor por aquele que nos amou primeiro. E se nosso amor a Deus não se concretiza no amor aos nossos coirmãos consagrados e ao povo de Deus, então nosso amor a Deus será falso (1Jo 4,19-21).

Esse conceito teológico precisa ser redescoberto por muitos religiosos. Precisamos cuidar de nosso "coração", para que seja dirigido totalmente ao amor a Deus. Não se trata de uma teologia que diz "não pode fazer isso ou aquilo", mas sim de uma teologia positiva, que dirige o consagrado a um amor para com todos por Cristo, com Cristo, no Espírito Santo e para a glória de Deus Pai.

3. A razão mística

Desde o começo da vida religiosa, o tema teológico do casamento místico entre Cristo e o consagrado, por meio do voto de castidade, estava presente. Toda a inspiração dessa teologia vem do Antigo Testamento, especialmente do profeta Oseias.

No livro de Oseias, e depois nos outros grandes profetas, Deus é apresentado como o marido amante de Israel e esta como a esposa amada. "Nesse dia, oráculo de Javé, você me chamará 'meu marido'. Eu me casarei com você para sempre, eu me casarei com você na justiça e no direito, no amor e na ternura. Eu me casarei com você na fidelidade, e você conhecerá Javé" (Os 2,16-25; Is 54,4-10; 62,4-5). Foi exatamente nesse sentido que os profetas denunciaram Israel como "esposa-prostituta", para descrever a seriedade de sua infidelidade e de sua idolatria diante do seu esposo, Javé (Ez 16,29-38; Jr 3,6-8).

No Novo Testamento, essa imagem do casamento entre Deus e seu povo continuou, mas agora Cristo é o esposo amante, e a Igreja é sua esposa amada. Essa imagem é mais forte nos escritos de Paulo e João (Ef 5,23-32; Ap 21,2-9).

Quando os Padres do deserto começaram a vida consagrada, viram nessas comparações o sentido e a finalidade na base de sua castidade. Agora, a imagem é que Cristo é o esposo amante, e o religioso é chamado a ser sua esposa amada, por meio da consagração. O Concílio Vaticano II faz uma referência a essa imagem como um casamento místico entre Cristo e seu consagrado: "Assim evocam eles, perante todos os fiéis cristãos, aquela admirável união estabelecida por Deus e que há de manifestar-se plenamente no século futuro, pela qual a Igreja tem a Cristo como único esposo" (*Perfectae Caritatis*, n. 1250).

Essa razão mística enfoca a intimidade entre Cristo e seu consagrado. Sugere amizade profunda. Lembra todo o processo de conhecer a Cristo e, por ele, o Pai: "e você conhecerá Javé". Pelo voto de castidade, o consagrado é convidado a entrar no processo de conhecer o Senhor. Não saber sobre ele, mas conhecer e experimentar sua pessoa. É um convite para começar todo o processo de intimidade com Deus (Fl 3,8-11). Usa a analogia da intimidade que deve existir entre marido e esposa. Deus não chama seus consagrados para um relacionamento superficial com ele. Ele mesmo escolhe alguns para serem seus amigos íntimos.

Esse processo inclui pouco a pouco a transformação de nosso coração no coração do amado esposo, Cristo. Acontece uma lenta e, às vezes, dolorosa transformação da personalidade. Ficamos tão íntimos com nosso esposo Cristo que começamos a pensar, agir e querer como ele. "Eu vivo, mas já não sou eu que vivo, pois é Cristo que vive em mim... Ele que me amou e se entregou por mim" (Gl 2,20). O processo é doloroso, pois quanto mais conhecemos e experimentamos a pessoa do amado, tanto mais sentimos a necessidade de ser como ele é. A castidade é convite para uma conversão constante no ser e no agir do amado esposo Cristo. Somos convidados a amar nosso esposo da mesma maneira que ele nos ama, isto é, radicalmente. O esposo provou seu amor a nós pela encarnação, cruz e ressurreição, que foram sinais de amor e castidade radical. Agora ele espera nossa resposta virginal diante da prova de seu amor. Nesse sentido, a castidade é um sinal profético, uma parábola viva da resposta do amor virginal da Igreja a seu esposo Cristo.

Essa teologia coloca-nos com os pés no chão para entender que o convite para entrar nesse casamento místico vem do próprio esposo Cristo, e não de nossos méritos. Por uma razão misteriosa, Cristo está apaixonado por cada um de seus consagrados e chama-os à intimidade com ele. É um jogo de amor: amando nosso esposo e sendo amado por ele. É uma troca de personalidades. É um diálogo amoroso entre Cristo e seu consagrado. Tudo isso é o voto de castidade. Como nós, religiosos, precisamos redescobrir a profundidade dessa razão mística, para alimentar nossa castidade e impulsionar-nos para uma maior fidelidade! Muitos religiosos e religiosas usam um anel de aliança, mas se esquecem da profunda teologia e do significado desse símbolo. Somos "esposas" de Cristo, que nos chama à intimidade para responder concretamente a seu amor a nós.

4. A razão apostólica

Por causa do casamento místico com Cristo, os religiosos também se casam com a presença de Cristo na terra, isto é, com "o Corpo de Cristo" ou com sua Igreja. Pelo casamento místico com Cristo, somos obrigados a procurar fazer o bem ao nosso esposo. Essa procura de fazer o bem ao nosso esposo concretiza-se no serviço a Cristo na pessoa de nosso irmão. Castidade significa, segundo essa razão apostólica, que o religioso assume uma vida inteira e alegre de serviço a Cristo nos irmãos, especialmente nos mais necessitados, que não podem pagar-nos por nosso serviço. A inspiração teológica dessa razão apostólica é o texto sobre o juízo final. Depois que Cristo descreve tudo o que fizemos ou deixamos de fazer em favor dos irmãos, ele declara: "Eu garanto a vocês: todas as vezes que fizeram isso a um dos menores de meus irmãos, *foi a mim que o fizeram*" (Mt 25,40). A virtude da castidade expressa-se na motivação que está por detrás de todos os nossos serviços apostólicos, dentro e fora da comunidade. A motivação na base de toda castidade é o convite para ir além da pessoa servida e ver o esposo Cristo em todos. É Cristo que servimos na pessoa de nossos irmãos, dando uma resposta virginal ao nosso esposo. Por isso, segundo essa razão apostólica, todo serviço apostólico dentro e fora da comunidade tem de ser motivado pelo amor. Castidade é amor. Castidade é serviço. Castidade é apostolado. E tudo é feito na busca do amor concreto a Cristo que está no pobre, no miserável, no injustiçado, no pecador e no marginalizado. "O que fizeram a um dos menores de meus irmãos, foi a mim que o fizeram!" A castidade, pois, exige um frequente questionamento sobre a motivação de todos nossos serviços e apostolados.

5. Conclusão

Cada uma dessas razões teológicas é importante para entender e alimentar a vivência do voto de castidade. Nem todas as razões têm o mesmo apelo pessoal para cada religioso. Certamente a razão escatológica não atinge muito os religiosos jovens. Em contraste, a razão apostólica atrai mais os jovens nas congregações ativas. O que eu gostaria de esclarecer é que as quatro razões formam uma teologia total sobre a castidade. Não se pode deixar de lado uma das razões sem prejudicar a visão total do voto. Precisamos contemplar as quatro razões teológicas para entender sua totalidade e sua beleza. Em algumas fases de nossa caminhada na castidade, uma das razões vai falar mais para nós; em outra fase, outra razão nos consola e desafia.

Sem dúvida, alguns em sua formação inicial nunca ouviram falar em profundidade dessas quatro razões teológicas. Não é tarde para começar a rezar e entender melhor o fundamento teológico de seu voto, que não pode ser reduzido a "eu não posso me casar" ou "eu não posso expressar minha afeição ou sexualidade com outras pessoas". Essa visão somente vai matar o espírito alegre e profundo desse voto.

II. Três orientações sobre o voto de castidade

Gostaria de apresentar aqui algumas orientações que vêm de alguns documentos da CRB e da CLAR. Não são novas orientações, mas sempre achei excelentes e ainda válidas para nossos dias.

1. Orientações psicológicas

É muito importante entender que nossa sexualidade não se limita ao genital e à biologia de reprodução. Sexualidade é um dinamismo fundamental que toca em quase tudo o que somos e fazemos. Somos pessoas sexuais vinte e quatro horas por dia. O trabalho na formação inicial e permanente é ajudar os religiosos a fazer uma integração desse dinamismo e orientar essa sexualidade para um amor radical a Deus e ao próximo. Por isso, o voto de castidade, ao invés de nos fazer pessoas assexuadas, faz-nos capazes de amar e sermos amados. A castidade faz pessoas proféticas do próprio amor de Deus.

Por isso, a sexualidade é *um elemento positivo de nosso ser*. Nossa sexualidade reflete o próprio Criador que era capaz de sair de si para criar e ser "fértil". Consequentemente, nossa sexualidade, em todas as suas manifestações, não deve ser destruída, nem suprimida, mas orientada para Deus e para nossos irmãos na comunidade e no apostolado. Castidade é o desejo de viver nossa opção fundamental de amar a Deus e ao próximo de uma forma radical que inclui necessariamente toda a nossa sexualidade. É um meio para viver nossa consagração religiosa.

a) O processo de maturação

Na evolução do ser humano, há duas forças psíquicas que, infelizmente, trabalham em sentidos contrários. Brigam entre si. Uma força chama-se *receptiva*. Essa força é própria da criança. A criança recebe tudo de seus pais e de sua família durante seus primeiros anos de vida. A criança é dependente em tudo. Essa fase é muito *egocêntrica*. A criança só quer receber, sem pensar em doar-se aos outros.

A segunda força chama-se *oblativa*. Essa força é própria do adulto. Faz a pessoa passar do egocentrismo predominante para a capacidade de doar-se aos outros. É a abertura do "eu" para os "outros".

Essa passagem da situação receptiva para a oblativa chama-se processo de maturação. Normalmente esse processo acontece durante a adolescência e, por isso, esse período é tão difícil. Não é fácil passar de uma fase para a outra. A tentação é sempre procurar o mais fácil, que é o egocentrismo e o receptivo. A maturação é um processo que continua e desafia durante toda a vida.

Quando alguém é física e sexualmente adulto, mas ainda é marcado pela fase receptiva, então *o infantilismo perpetua-se*. Uma pessoa que se casa ou vive numa comunidade religiosa e só quer receber dos outros, mas não quer sair de si para doar-se aos outros, ainda é profundamente imatura. Isso causa uma situação muito difícil dentro do contexto do casamento e da comunidade religiosa.

Mas quando, num processo lento e progressivo, a pessoa normalmente passa da predominância do "eu" para a predominância do "outro", dá-se o processo de maturação. Esse processo nunca é completo por causa de nossas limitações, como veremos mais tarde. Mas a predominância da fase oblativa é indispensável para uma pessoa que quer assumir a vida consagrada, a opção fundamental pelo outro, viver em comunidade e viver a consagração. Sem o processo de maturação, é impossível viver a vida consagrada.

b) Alguns sinais da presença do processo de maturação

O bom uso da liberdade — Significa que alguém é capaz de livremente fazer opções que exigem a renúncia de si em favor dos outros. O religioso frequentemente se acha em situações nas quais tem diante de si duas opções boas: uma em favor de si mesmo e uma em favor do outro. Mas quando a decisão mais importante exige uma opção em favor do outro, a pessoa é capaz de escolher "o outro" sem grandes dificuldades e exageros. Um exemplo bíblico desse bom uso de liberdade foi a situação delicada de São Paulo que teve de tratar de assuntos entre judeus e gentios. Ele disse que se estiver com os gentios, e eles servirem "carnes proibidas pela lei", ele vai comer. Mas se um judeu estiver à mesa, ele não vai comer a carne "proibida", para evitar o escândalo para seu irmão judeu. "Ora, se um alimento for motivo de queda para meu irmão, para sempre eu deixarei de comer carne, a fim de não causar a queda do meu irmão" (1Cor 8,13).

Capacidade de fazer propósitos e cumpri-los apesar das dificuldades — Aqui falamos da capacidade de perceber a necessidade de tomar conta da própria vida e assumir os processos de conversão e os cuidados essenciais da vida. É a capacidade de assumir a ascese cristã na vida. O processo de maturação mostra-se exatamente quando aparecem as dificuldades no caminho da conversão ou dos propósitos que fizemos. Uma pessoa madura confronta-se e supera a dificuldade, o que mostra sua fase oblativa. Uma pessoa imatura, diante da dificuldade, desiste e "volta ao útero", onde quer ficar somente recebendo. Não há crescimento nessa circunstância. Há estagnação.

O juízo reto e prudente dos acontecimentos e das pessoas — É a capacidade de confrontar-se com a vida sem exageros. Quem exige, por exemplo, sinais extraordinários de afeição na comunidade, está vivendo apenas uma fase receptiva. Quem não sabe ler e interpretar os sinais normais de afetividade em seus relacionamentos humanos, vive no exagero que sempre gera problemas afetivos na pessoa, na comunidade e no apostolado. O religioso, nesse caso, vive querendo receber elogios exagerados à sua pessoa. Não é capaz de distinguir entre amizade e genitalidade. Vive sempre no exagero, exigindo o extraordinário.

A capacidade de diálogo aberto e sereno — Quem vive na fase oblativa é capaz de ter diálogo consigo mesmo e confrontar-se com seu verdadeiro "eu" e com suas motivações. É também capaz de entrar no jogo normal de diálogo com outros: revelando-se aos outros e escutando a revelação dos outros. É capaz de fugir do fechamento doentio em si mesmo, com medo de sair de si para entrar no diálogo. É capaz de ter amigos de ambos os sexos e de cultivar relacionamentos sadios. Quem sempre se fecha em si mesmo não tem diálogo e, por isso, não tem amigos de verdade. Tudo fica no superficial, porque essa opção não exige compromisso com o outro, nem doação de si mesmo.

Uma atitude sadia de segurança — A pessoa, pouco a pouco, cria uma atitude alegre de segurança em três campos. Segurança consigo mesma: É capaz de amar e apreciar todas as coisas boas em si mesma, e também é capaz de conhecer e aceitar suas limitações. Segurança quanto aos outros: Começa a apreciar e valorizar os dons dos outros, e não encara como ameaças as diferenças que há nos outros. É capaz de fazer uma leitura madura dos elogios que recebe, sem exagerar. E finalmente segurança em Deus, começando a aceitar o amor de Deus em sua vida como graça, e não como algo que precisa ser ganho por mérito. A pessoa começa a se sentir bem consigo mesma, com outros e com Deus.

Capacidade de amar e ser amado — A pessoa é capaz de acolher os sinais de apreço dos outros por ela, por seus dons e talentos. É capaz de perceber que outros gostam de sua pessoa e mostram por ela sinais de afeição e carinho. A pessoa acolhe tudo isso na paz e na gratuidade. Mas exige-se que também ela saia de si, para devolver sinais de afeição e carinho. De nenhum dos lados há algo forçado. É um ato livre que brota de dentro da pessoa. A pessoa sente-se realizada na recepção e na doação.

c) Conclusão

Se nossa sexualidade, em todo o seu dinamismo, busca somente o prazer sem se transcender para chegar à doação aos outros, então o processo de maturação não aconteceu. Ainda estamos numa fase receptiva. Somos ainda psicologicamente crianças. Há necessidade, na vida consagrada, de atos concretos de renúncia livre e voluntária em favor dos irmãos e do povo de Deus que servimos. Para poder assumir e viver a fase oblativa precisamos deixar a tendência de voltar para a fase receptiva. O religioso somente achará sua alegria e realização na fase oblativa.

2. Orientações pedagógicas

A orientação pedagógica refere-se à *integração de nossa sexualidade* em nossa personalidade e em nossa espiritualidade. O trabalho de integração de nossa sexualidade é um processo que deveria ter começado em nosso lar com nossos pais. Os pais deveriam ter introduzido seus filhos no processo da integração sexual em dois campos: 1) na aceitação de sua sexualidade e de sua genitalidade como algo positivo e bom; 2) na aceitação da normalidade afetiva através do carinho. Se essas duas coisas aconteceram, então a pessoa cresceu normalmente na integração de sua sexualidade. Mas se faltou essa orientação positiva e madura, o indivíduo cresceu com um coração um pouco "torto". De novo, o coração é o símbolo da capacidade de amar e ser amado. Quem não recebeu de seus pais uma orientação normal sobre esses dois assuntos, experimenta certos problemas para amar e ser amado na área afetiva, sexual e espiritual de sua personalidade. Somente um processo de libertação pode libertar pessoas, e especialmente consagrados, que querem amar a Deus e ao próximo na radicalidade.

A maioria de nós, de fato, não recebeu de seus pais uma educação muita positiva sobre a sexualidade em geral e a genitalidade em particular. Aprendemos sobre sexo "na rua", sendo que nossa formação certamente foi deficiente. Foi uma educação distorcida, em que somente o prazer pessoal era colo-

170 A TEOLOGIA DA VIDA CONSAGRADA

cado como a meta final da sexualidade e da genitalidade. Como crianças, se falássemos uma palavra sexual em casa, haveria uma reação muito forte, porque estávamos falando de coisas "sujas". Por isso, nossa educação deixou-nos na situação de só podermos ver e acolher nossa sexualidade como algo "mau e sujo". Isso deixou marcas fortes em nossa personalidade e em nossa espiritualidade. Essa é a situação da maioria dos religiosos. Sejam bem-vindos à raça humana!

Também fomos mal-educados sobre afetividade em nosso lar. Para a maioria, faltou alguma afeição na parte do pai ou da mãe. Por isso, alguns religiosos sempre continuam um pouco sedentos de afeição, especialmente num contexto comunitário e apostólico. Outros sofreram porque houve uma superabundância de afeição por parte dos pais, o que distorceu sua capacidade de tomar decisões por si mesmo, ou de poder aceitar sinais normais de afeição. Essas pessoas sempre exigem mais do que o normal na afetividade. Mais uma vez, essa tendência aparece em nossa vida comunitária e apostólica.

a) O caminho de cura

Psicologia — O estudo da psicologia é muito bom. O acompanhamento psicológico também tem grandes valores e está sendo aceito cada vez mais entre os religiosos. A psicologia ajuda-nos a entender o que existe por detrás das reações em nossa personalidade. A psicologia deveria ajudar-nos a nos confrontar com nossa realidade e querer superar os bloqueios que fazem parte de nossa realidade. Mas a psicologia somente terá valor se a pessoa tiver a intenção de não só conhecer a causa do bloqueio em sua vida, mas também de superar esse bloqueio.

Depois de muitos anos na direção espiritual de muitos religiosos, percebo que alguns, por causa de um pequeno curso de psicologia, descobriram alguns de seus fantasmas do passado, mas pararam nisso. De fato, alguns até usaram esse conhecimento para se desculpar no presente. Tudo, então, poderia ser desculpado em suas vidas, porque descobriram que seus pais faltaram em sua formação afetiva e sexual. Infelizmente, alguns abusam da psicologia e a usam como uma bengala para o resto de sua vida, para desculpar sua vida presente. Alguns manipulam o passado com suas falhas para justificar tudo o que está errado em suas vidas hoje. Sabem das causas, mas não querem superar, crescer e ser libertados. Quem não passa para o processo de libertação, já optou pela acomodação. Ficará sempre uma criança na fase receptiva.

Perdão dos pais — A resposta total e cristã está no processo de libertação. É uma questão de cura interior, que vem somente de Deus e com nossa cooperação ativa. Deus quer libertar-nos de todos os obstáculos que não nos deixam viver nossa castidade na alegria e na paz. Deus quer que sejamos adultos na fé, em nossa consagração, e ele quer libertar-nos dos fantasmas do passado.

A primeira parte desse processo libertador é assumir nosso passado com calma, sem negar nossa realidade. Primeiro, devemos admitir que houve falhas em nossa formação sexual e afetiva, por parte de nosso pai, de nossa mãe ou dos dois. Pode ser que tenha havido até falhas mais profundas. Mas, na maioria dos casos, o motivo da falha de nossos pais não foi a maldade, mas sim a ignorância. Nossos pais simplesmente não sabiam como nos dar uma educação sexual sadia nem como mostrar afeição normal. Certamente nunca estudaram psicologia. Eles transmitiram para nós o que aprenderam. Mas a realidade é que, por causa disso, houve dano e eles deixaram marcas e complexos em nosso coração. Qual deve ser nossa atitude cristã diante dessa realidade? Acusar nossos pais de malícia seria uma terrível injustiça. Acolher a ignorância deles e passar para o perdão é o caminho único de libertação. Administramos para nossos pais o que Deus administra para nós no sacramento de reconciliação, isto é, o perdão total. Aqui é necessário assumir que houve graus diversos de falhas.

Em geral, não sofremos grandes falhas por culpa de nossos pais, e a maioria dos religiosos, por meio de uma comunidade acolhedora e da espiritualidade, já superou os defeitos herdados de seus pais. Temos um "coração normal", mas, às vezes, os fantasmas voltam e sentimos as falhas de nosso passado. Outros sofreram mais, especialmente quando houve falhas graves por parte de seus pais. É impressionante como podemos encontrar jovens religiosas que foram abusadas sexualmente por seu próprio pai ou por um parente próximo. O índice desse fato social é alarmante no ambiente familiar. O perdão, nesse caso, vai exigir um processo mais lento e mais profundo, mas o começo da libertação está no assumir e no querer administrar o perdão.

Vivendo com nosso passado — É impressionante como tentamos fugir de nossa realidade passada. A libertação só acontece quando assumimos o que aconteceu. Não adianta negá-lo, porque aconteceu. Faz parte de nosso ser integral. É preciso assumir que certos acontecimentos deixaram suas marcas e efeitos em nossas vidas. Mas tais coisas já não precisam controlar nossa vida no presente. Num retiro que fiz com Padre Oscar Müller, S.J., ele nos ensinou uma pequena oração de cura interior: "Isso é de ontem, não é de hoje". Essa oração coloca nossos dois pés no chão na busca de cura interior. Significa que experimento em minha vida reações indesejáveis, conscientes ou inconscientes, como medo, falta de autovalorização, tristeza, depressão, carência de ser amado etc. A fonte dessas reações "é de ontem". Vem de minha experiência de vida, em que faltou algo em minha formação sadia na afetividade. Infelizmente, deixei que essas reações controlassem minha vida. Ao invés de enfrentá-las, deixei que tomassem conta de minha vida. Fechei-me em mim mesmo, e a reação não desejada venceu.

A segunda parte dessa oração de cura é a parte libertadora. Quando vêm essas reações, sobre quais não temos controle, precisamos de um momento de confronto silencioso. Eu assumo meu passado e reconheço que a causa dessas reações não são do presente, mas sim do passado. Eu assumo, pois é minha vida e não vou deixar que elas continuem controlando-a: "não é de hoje". Isso significa que não vou deixar que o passado controle minha vida no presente. O mal do passado não pode e não precisa controlar minha vida. Não preciso mais ter medo do passado. "Isso é de ontem." Quando vêm essas reações em nossa vida, devemos rezar essa pequena oração logo de início e procurar o confronto (*isso é de ontem*) e a libertação (*não é de hoje*). Procuramos, então, assumir uma atitude de perdão para com essas

O VOTO DE CASTIDADE

pessoas, vivas ou falecidas. O perdão é parte essencial da cura interior.

Oração — Muitos religiosos nunca aprenderam como rezar seus sentimentos, especialmente seus sentimentos fortes, negativos e sexuais. Julgam que tais sentimentos não possam ser apresentados a Deus, especialmente quando se trata de sentimentos fortes, afetivos e até eróticos. Mas os Salmos estão cheios desses mesmos sentimentos de raiva, de dúvida, de mágoa, de quem se julga abandonado por Deus, e até de erotismo (veja o Cântico dos Cânticos). O próprio Verbo Encarnado expressou muitos sentimentos em suas orações ao seu Pai (Mt 11,25-30; Lc 22,39-46; Mc 15,34). Nós, religiosos, precisamos assumir nossa intimidade com Deus e perceber, na fé, que podemos partilhar tudo com ele, até nossos segredos mais guardados, dos quais sentimos vergonha, raiva e desgosto. Tenho o direto de apresentar tudo isso ao meu "amigo-amante-esposo-Cristo", especialmente diante dele no Santíssimo. Depois de falar e desabafar sobre tudo o que queremos, há necessidade de deixar um momento de silêncio, para que Cristo, com seu Espírito, venha visitar "nosso templo" para consolar, curar e libertar-nos desses sentimentos negativos. Cristo apresenta-nos remédios que precisamos tomar para curar essas mágoas. O remédio normalmente é começar o processo de perdoar aos que causaram esses sentimentos em nós. Notem que é um processo e, por isso, em alguns casos, levará muito tempo. Não é magia. Quanto mais forte for a carga negativa do passado, mais tempo precisamos para curá-la. Nossa parte no processo é o desejo sincero de querer perdoar às pessoas que causaram esses sentimentos em nosso coração. Quem busca na oração o dom de perdoar, recebe esse dom de Deus. Deus é fiel!

Direção espiritual — Os religiosos em sua maioria, com calma, com tempo e com o ambiente libertador de uma comunidade acolhedora, podem resolver sozinhos seus problemas afetivos. Muitos não precisam de outra ajuda além da oração sincera de cura interior. Outros, sim, precisam de uma ajuda fraterna. Aqui entra a direção ou a orientação espiritual. Mais uma vez, alguns religiosos carregam seus medos, vergonhas e

174 A TEOLOGIA DA VIDA CONSAGRADA

raivas por muitos anos sem sair de seus "infernos". Sempre estão contando suas experiências negativas do passado, especialmente quando querem rezar mais profundamente a oração de intimidade com Cristo. Sem que o queiram, o sentimento, nunca enfrentado, volta com veemência. Mas a maioria sente vergonha de falar sobre essas coisas com um diretor espiritual. A maior libertação possível seria a capacidade de finalmente falar sobre essas coisas negativas com alguém de confiança. O consagrado vai descobrir que não é um "bicho de sete cabeças", um "tarado" ou "diferente", e que muitos religiosos, que já passaram pela mesma experiência, são bons religiosos. Essa descoberta já é uma libertação. A primeira coisa que vamos descobrir é que não houve nenhum pecado no acontecido, ou porque houve ignorância, ou porque algo foi-nos imposto contra nossa vontade. Não pode haver pecado quando há ignorância ou quando falta plena deliberação. Por anos sentimos que fomos culpados, e isso pesava muito em nossa consciência. Tínhamos vergonha de falar sobre isso desde o tempo de formação inicial, com medo de sermos expulsos da congregação. Um caminho de libertação para muitos seria procurar um diretor ou uma diretora espiritual e, depois de criar confiança nessa pessoa, abrir o coração para ela. Acho que, em minha experiência de direção espiritual, a maior libertação que vi em alguns foi a de poderem abrir-se finalmente, depois de tantos anos de sofrimentos, carregando a cruz sozinhos. A pessoa logo experimenta o amor de Deus cercando-a com carinho, compreensão e perdão (Jo 8,1-9; Lc 7,37-48). Quem sofre com esses problemas, deve procurar um diretor ou diretora espiritual e experimentar o amor de Deus através dessa pessoa.

Ajuda profissional — Os traumas causados por experiências mais sérias serão sanados através da ajuda profissional de um psicólogo ou psiquiatra. Daí a necessidade de um bom formador, capaz de perceber os sinais de anormalidade afetiva nos formandos. Quando alguém se abre, falando sobre uma experiência traumática, o formador, superior ou provincial deve direcionar seu irmão para um profissional, caso essa pessoa não esteja conseguindo libertar-se com as ajudas normais acima mencionadas. A oração e a direção espiritual nesse caso não seriam suficientes para curar holisticamente essa pessoa. Ela precisa reestruturar sua personalidade antes que a espiritualidade possa alimentar sua vida. Quando há sinais de anormalidades afetivas nos formandos e especialmente nos juniores, depois de alguns anos de vivência comunitária, antes de sua profissão perpétua os superiores precisam consultar os profissionais sobre a possibilidade de o candidato assumir a vida comunitária consagrada. Sem fazer isso, haveria uma grande injustiça contra o formando e contra a comunidade provincial. Se alguém não pode superar certos bloqueios que causaram sofrimento, não só para si mesmo, mas para todos os membros da comunidade, tal religioso não é humanamente capaz de assumir a vida religiosa, comunitária ou apostólica. *O problema precisa ser resolvido antes da profissão perpétua.*

b) Algumas conclusões pedagógicas

Sobre a integração de nossa sexualidade, precisamos frisar na formação inicial e permanente que qualquer amizade automaticamente começa um processo de intimidade. E a intimidade toca profundamente em nossa sexualidade em geral e possivelmente em nossa genitalidade em particular. Nenhum religioso escapa dessa realidade. Esse processo de intimidade pode começar com pessoas do mesmo ou do outro sexo. O que é importante em nossa educação sexual é a necessidade do confronto com nossos sentimentos, para poder integrar esse acontecimento dentro do contexto de nosso compromisso de consagração religiosa. *Precisamos necessariamente purificar as nossas motivações.* Ou nossa motivação é casta, o que significa que realmente estamos buscando o bem da pessoa de quem gostamos muito, ou estamos procurando nosso próprio "eu". Nesse caso, estamos querendo agradar somente a nós mesmos. E, mais cedo ou mais tarde, essa motivação egocêntrica leva para a procura de realizações genitais.

Há sinais que indicam que esse processo já começou, especialmente quando um ou outro começa a exigir que a amizade seja *exclusiva e possessiva.* Quando há sinais que algo de erra-

176

do está acontecendo com minha amizade, de minha parte ou da parte do outro, preciso de um dia de retiro para confrontar-me comigo mesmo e com minhas motivações. Sem esse confronto, estou convidando grandes problemas afetivos para a minha vida e um possível escândalo que irá destruir minha profecia de castidade no mundo e na Igreja. Precisamos formar nossos religiosos para que se abram à comunidade quando tais problemas aparecerem. É quase impossível para uma pessoa cuidar sozinha de um problema de envolvimento emocional com alguém. Onde existe uma comunidade carinhosa, essa abertura é fácil. Onde há uma comunidade fechada, a abertura é quase impossível.

Há um aspecto de nossa sexualidade e da castidade religiosa que não é muito tratado na formação inicial, nem na permanente. É a realidade do problema da solidão. Cada religioso passa momentos fortes de solidão, como os experimentados até por casais. Até com a existência de uma comunidade boa haverá momentos em que o consagrado se sentirá só. É um sentimento terrível. É um momento de desespero, sentindo o abandono, a incompreensão, a inutilidade da vida. Se não houver uma integração de nossa solidão no contexto de nossa castidade, então haverá problemas sérios em nossa sexualidade e em nossa genitalidade. Quando alguém sofre a solidão, as tentações genitais aumentam notavelmente. Há dois caminhos a escolher. Um é o palpite de todos os místicos que experimentaram a mesma solidão e as mesmas tentações. Nesse momento de solidão, *precisamos viver nossa castidade somente no nível espiritual.* Precisamos levar nossa solidão ao nosso esposo Cristo, especialmente no Santíssimo Sacramento. Essa companhia, esse diálogo com Cristo vão preencher com sua presença amorosa esse vazio profundo de solidão. Ele vai tirar de nosso coração essa dura solidão. Em sua profunda solidão, Cristo procurou seu Pai no jardim (Mt 26,36-46).

A outra alternativa é a busca de compensações nesse momento de solidão. Compensações exageradas, na forma de comida, bebida e compensações genitais para apagar essa solidão terrível. Alguns tentam apagar a solidão por meio da masturbação ou na busca de relações sexuais. O pior de tudo nessa opção é que a compensação procurada, ao invés de curar o mal, aumenta a solidão, e a pessoa, em desespero, busca até mais compensações na mesma linha. A formação inicial precisa tratar desse assunto e mostrar que é uma realidade pela qual todos os consagrados passam. Portanto, devemos oferecer aos formandos os remédios necessários nesse momento angustiante.

3. Orientações espirituais

a) Ascese cristã

A ascese cristã é absolutamente necessária para viver a castidade. É impossível viver a castidade sem precisar dizer frequentemente "não" a nós mesmos, para podermos amar e servir aos outros. Ascese nesse sentido não é negativa nem opressiva. É libertadora. É uma continuação do próprio Cristo que "livremente entregou sua vida" para nos salvar. No que diz respeito à castidade evangélica, a ascese cristã manifesta-se em três áreas:

Liberdade — A castidade sempre precisa ser praticada por meio de uma liberdade pessoal e adulta, na linha da doação de si mesmo. Liberdade aqui significa a capacidade de *orientar* todas as manifestações da sexualidade para uma linha de doação de si mesmo, e não para uma gratificação egocêntrica. As manifestações de nossa sexualidade surgem vinte e quatro horas por dia. Incluem todas as características da feminilidade e da masculinidade, e a mistura disso tudo que todos nós possuímos. A sexualidade significa ternura, carinho, preocupação com os outros, serviços prestados dentro e fora da comunidade e, finalmente, a doação em todos os apostolados. Significa todo o processo de intimidade espiritual com a pessoa de Cristo.

A ascese cristã consiste em acolher com paz as manifestações de nossa sexualidade, tendo a liberdade de orientar essas manifestações para o amor a Cristo (*razão mística*) e para o

178   A TEOLOGIA DA VIDA CONSAGRADA

amor ao próximo (*razão apostólica*). Isso inclui também as manifestações genitais de minha sexualidade. A ascese na castidade consiste em acolher todas as manifestações da sexualidade sem exagero e sem medo, entrando num processo de confronto pacífico com elas. É entrar num processo de análise da motivação que está por detrás das manifestações sexuais. A ascese entra em ação quando somos capazes de orientar toda a manifestação sexual para o amor radical a Deus e ao próximo, dirigindo essa energia e esse dinamismo para o serviço e a doação de nós mesmos. Castidade é orientar todo esse dinamismo sexual para o serviço gratuito aos outros, num ato livre, adulto e alegre. E é essa orientação, livremente assumida, que nos liberta evangelicamente e que nos realiza na castidade.

Evitar o desequilíbrio nas relações pessoais — Como foi dito antes, cada amizade entre duas pessoas, do mesmo ou de outro sexo, automaticamente coloca essas pessoas numa situação de intimidade, que inclui a sexualidade em todas as suas manifestações. Em nossos relacionamentos amigáveis e íntimos, sempre haverá a possibilidade de criar um desequilíbrio. Desequi-líbrio no sentido de um ou o outro começar a exigir coisas exageradas, como a exclusividade e a posse. De repente, um começa a agir como se o outro fosse "sua propriedade" e quer determinar com quem o outro pode relacionar-se. Isso já é um desequilíbrio.

Mas o exagero extremo, para um celibatário, seria exigir que essa intimidade chegue até uma etapa genital. O problema, surja de um ou de outro, exige um confronto sério consigo mesmo e com seu compromisso de consagração, e a busca urgente de conversão. A ascese, nesse caso, é uma questão de honestidade. Normalmente se sabe quando algo está começando a ficar desequilibrado. Há, então, a necessidade de confronto consigo mesmo e com o compromisso de castidade na Igreja ou confronto com o outro, para determinar as limitações humanas e sexuais dessa amizade. Muitas vezes, quando esse desequilíbrio se manifesta, há a necessidade de buscar orientação espiritual antes que o desequilíbrio tome conta da situação. É extremamente necessário buscar uma solução para esse tipo de proble-

O VOTO DE CASTIDADE

ma a dois, pois é muito fácil enganar-se a si mesmo nessa situação de desequilíbrio emocional.

Deixar que o Espírito Santo nos liberte dos problemas de nossa sexualidade — A maioria dos religiosos tem defeitos em sua formação sexual ou na integração de sua sexualidade. Esses defeitos interferem no cumprimento radical de nossa castidade. O primeiro passo de libertação é acolher e aceitar a realidade. O segundo passo é abrir-nos ao Espírito Santo, para que ele possa libertar-nos desses defeitos e limitações em nossa capacidade de amar e sermos amados. *E o Espírito quer libertar-nos*! Ele quer endireitar nosso coração "torto", para que possamos experimentar primeiro o amor apaixonado de Deus à nossa pessoa e, segundo, a alegria da castidade vivida em favor do reino.

Mas o Espírito precisa de nossa cooperação nessa cura interior. O Espírito Santo, por meio de muitas fontes (leitura, psicologia, teologia, oração), começa a apresentar-nos "remédios" que precisamos tomar para receber essa cura tão desejada. Mas somente nós podemos tomar esses remédios. A cura começa quando estivermos abertos para Deus no tocante às manifestações da sexualidade e da genitalidade que não estiverem de acordo com nosso projeto de continuar Cristo casto. Nunca devemos sentir medo ou vergonha de falar com o Espírito Santo sobre nossa sexualidade e genitalidade. É necessário acolher o Espírito Santo como um amigo íntimo, com quem podemos desabafar e revelar o que estamos passando e experimentado nesse campo. É necessário orar nossos sentimentos sexuais. Depois, precisamos ficar quietos diante do Espírito Santo, que quer consolar-nos, acolher e desafiar para orientar tudo para uma castidade evangélica.

b) Crescimento espiritual na pessoa de Cristo, nosso esposo

Na vivência da castidade, em todos os seus aspectos pessoais e apostólicos, a pessoa de Cristo, nosso esposo, precisa estar presente. Toda a nossa sexualidade deve ser cristocêntrica. Essa realidade espiritual deve tocar sobretudo em nossas opções e motivações. Tudo na castidade deve ser orientado por

180 A TEOLOGIA DA VIDA CONSAGRADA

Cristo, com Cristo e em Cristo, na unidade do Espírito Santo, para a glória do Pai. Isso exige uma porção de dinâmicas necessárias para realizar essa amizade profunda com a pessoa de Cristo:

1. Precisamos estabelecer uma amizade autêntica com Cristo, que não vem de teorias, mas sim da vida. Há necessidade de atos concretos de amor e carinho demonstrados a Cristo e recebidos de Cristo. É a busca de ver Cristo em tudo e em todos, o desejo de servir nosso esposo.

2. Essa amizade simplesmente não pode acontecer sem intimidade, que por sua vez não acontece sem a presença dos amigos. E a presença a Cristo manifesta-se por uma vida diária de oração de contemplação, que sustenta a amizade. Aqui não podemos mais nos enganar sobre a necessidade da oração particular na prática da castidade. Sem um espaço honesto com Cristo-esposo, é impossível viver a castidade de verdade.

3. O celibatário precisa cultivar uma vida eucarística. É na eucaristia, seja na celebração litúrgica, seja na presença real de Cristo no sacrário, que o aspecto espiritual da castidade se desenvolve. Sem esse contato íntimo com Cristo, é impossível viver a castidade religiosa. É nesse encontro que Cristo concretamente nos mostra sinais de afeição. E nós respondemos a ele em diálogo amoroso. É nesse contato que há uma troca de personalidades e um processo de profunda intimidade.

4. O celibatário também precisa de uma devoção afetuosa a Maria. Precisamos acolher Maria, como mulher e como mãe, vivendo também assim um mútuo intercâmbio afetivo onde haverá também uma troca de afetividade mútua.

5. E, finalmente, na *koinonia* há a necessidade de cultivar amizades profundas e afetuosas com nossos coirmãos na comunidade religiosa e apostólica. A maioria já experimentou como essas amizades são preciosas. Há muita riqueza e realização humana nesses relacionamentos, em que a intimidade é até muito maior do que com nossos próprios familiares. Amamos e somos amados no contexto comunitário, que realiza toda a nossa sexualidade humana e espiritual.

III. A virtude da castidade

Mais uma vez é necessário frisar que a virtude não é um ato isolado, mas sim algo que atinge profundamente nossas motivações e nossa opção fundamental. Castidade é uma maneira de viver que deve atingir tudo o que somos e fazemos. É um meio de viver o Primado do Absoluto na radicalidade e pode ser praticado vinte quatro horas por dia.

Basicamente a virtude da castidade é a *caridade*, que é um amor radical à pessoa de Cristo e, por Cristo, um amor radical ao Pai. Não é uma caridade teórica ou ideológica, mas caridade que chega a atos concretos de amor a Deus. É uma orientação para Deus e para o próximo de todo esse dinamismo de nossa sexualidade, em todas as suas manifestações. É um amor fogoso, que inclui toda a nossa sexualidade, nosso carinho e nossa ternura. Essa caridade para com Deus manifesta-se através de uma vida profunda e íntima de oração e contemplação, que deve motivar-nos também em todos os nossos serviços ao próximo, porque Cristo está neles (*razão apostólica*). A caridade para com o próximo também não pode ser algo intelectual. Precisa chegar até atos concretos de amor dentro e fora da comunidade religiosa. O amor aos nossos irmãos religiosos e ao povo de Deus deve ser carinhoso, afetivo e cheio de ternura, para poder mostrar profeticamente para eles o "rosto do Pai". A castidade basicamente é um amor radical.

A virtude da caridade inclui também todo o processo para manter nosso "coração indiviso", o que inclui um aspecto de renúncia. Normalmente na castidade essa renúncia não representa um problema quando há a honestidade de orientar as manifestações da sexualidade para Deus e para o serviço do próximo. Exige-se o confronto honesto diante da possibilidade de apaixonar-se por alguém, porque assim o coração começaria a ficar dividido. A virtude inclui ainda todo o processo de manter-se apaixonado por Cristo, descobrindo primeiro como ele está apaixonado por nós. Inclui todo o processo da troca de personalidade com Cristo, por meio da intimidade que envolve toda a nossa sexualidade.

182   A TEOLOGIA DA VIDA CONSAGRADA

Caridade na castidade é todo o processo para chegar a uma amizade mística com Cristo. Estamos falando de um processo de muitos anos. Estamos falando de um diálogo amoroso entre Cristo e seu consagrado, que não pode acontecer sem momentos íntimos com nosso esposo Cristo. O aspecto místico está sofrendo muito na vida consagrada, por causa de um ativismo exagerado e da pós-modernidade que apagam nossa intimidade com Deus. O resultado é uma aridez aguda nos consagrados e a não procura de um tempo honesto para estar com Cristo. Muitos religiosos estão desanimados em sua castidade. Precisamos redescobrir o caminho de intimidade com Deus. Exige-se uma opção clara que termine em atos concretos.

Caridade na castidade significa também "espiritualização" de todas as partes e manifestações de nossa sexualidade. Assumimos que há certos problemas em nossa vida sexual e afetiva que herdamos do passado. Mas, em opção fundamental, começamos o processo para superar esses bloqueios e obstáculos, que não nos deixam amar a Deus e ao próximo de todo o nosso coração. É uma pobreza espiritual, pela qual permitimos que o Espírito Santo venha para tocar e curar esses defeitos em nossa sexualidade, para que possamos dirigir toda essa energia e todo esse dinamismo para Deus e para o próximo. Estamos falando da cura interior de nossa integração de sexualidade, do processo de maturação e de libertação das cicatrizes passadas que, para alguns consagrados, vão levar muito tempo. Mas quem dá espaço ao Espírito Santo, para entrar e curar essa área psicoafetiva e sexual, pode sentir-se curado e liberto. O Espírito Santo é fiel.

E, finalmente, a caridade na castidade significa que esse amor radical a Deus, mais cedo ou mais tarde, leva-nos a servir seu povo. "'Pedro, tu me amas mais do esses outros?' Pedro respondeu: 'Sim, Senhor, tu sabes que eu te amo'. Jesus disse: *'Cuida das minhas ovelhas'*" (Jo 21,15-19). Um amor autêntico a Deus termina sempre no servir e amar "minhas ovelhas", o povo de Deus, mas especialmente no amor aos pobres. Toda a castidade termina numa *diakonia* concreta, alegre, generosa e autêntica. Essa virtude deve tocar em tudo o que somos ou fazemos em nossos apostolados, dentro e fora da comunidade. A

O VOTO DE CASTIDADE

virtude da caridade na castidade ajuda-nos a ver Cristo em todos e querer servir Cristo neles.

IV. A prática da castidade

A vivência alegre da castidade é *um dom de Deus*. Ninguém por si pode assumir essa vida de doação gratuita de si mesmo, numa forma radical, sem a força de Deus. Deus faz esse dom aos seus consagrados, mas eles precisam ir frequentemente à fonte de toda a castidade, o próprio Deus casto, para pedir esse dom. É da contemplação desse "Deus doador de si mesmo" que recebemos a inspiração e a força para continuar profeticamente esse gesto de castidade divina na Igreja e no mundo. Por isso, é impossível viver a castidade pelo reino sem uma profunda pobreza espiritual. Somos dependentes de Deus para viver a castidade. Precisamos pedir a Deus o dom da castidade. Sem ele, não podemos fazer nada na linha de um "coração indiviso" e da doação aos pobres em sua Igreja. No meio de nossa fraqueza e limitações na área sexual e afetiva, só Deus pode dar-nos a força para orientar tudo para sua glória, em culto e adoração, e para o serviço de seus pobres.

A prática da castidade vai depender muito de nossa visão teológica desse compromisso. Se reduzirmos esse voto somente ao aspecto de renúncia, então nunca vamos ser realizados na vivência da castidade. Isso é reduzir a castidade a uma visão totalmente negativa, sem chegar a apreciar e a viver todos os aspectos místicos e positivos desse voto que Cristo vivia em sua plenitude.

Muitos religiosos, em sua formação inicial, receberam somente uma orientação negativa, legalista e moralista. Reduziram o voto somente ao "não posso casar-me" e a uma visão totalmente negativa sobre a amizade com pessoas do mesmo sexo ou do outro. Era uma visão que procurava esconder qualquer sinal, até sadio, de nossa sexualidade, tornando-nos pessoas assexuadas. Quem recebeu somente essa visão negativa, sem procurar um estudo mais profundo e cristocêntrico da beleza teológica desse voto, está preparando-se para terminar sua vida consagrada como um solteiro frustrado e miserável. Precisamos contemplar as razões teológicas de um coração indiviso e a razão mística que desembocam num serviço alegre em nossos apostolados. Sem isso, perdemos todo o sentido do voto. Castidade é viver toda a minha sexualidade e afetividade por causa de Deus e dos irmãos, e isso não pode ser algo negativo. É positivo e profundamente libertador. É um amor fértil que produz muita vida.

A vivência da castidade é curiosa, porque é fácil de viver e, ao mesmo tempo, difícil. *Tudo depende de minha motivação e de minha opção fundamental*. Tudo vai depender de muita honestidade diante das minhas motivações, especialmente no apostolado. Se busco constantemente o meu "eu", se somente busco agradar minha própria sexualidade e afetividade, então vou experimentar dificuldades na vivência da minha castidade. Vou até buscar compensações no nível genital de minha sexualidade. Vou chegar até a usar pessoas para minha própria satisfação e prazer. Não seria capaz de servir, porque somente estaria buscando ser servido. Não seria profeta e continuador de Cristo.

A castidade, nesse sentido, também exige que se assuma o processo de libertação de nosso coração "torto" com seus bloqueios. Mas um assumir que busque a libertação própria por caminhos concretos de conversão. A conversão, na castidade, não é teoria, mas uma série de atos concretos contra as tendências que não me deixam amar a Deus e ao próximo radicalmente, nem ser amado por eles. O caminho da libertação é o confronto honesto com minhas motivações.

É necessário muita *humildade* para viver a castidade. Humildade é um confronto com a verdade no tocante às manifestações de minha sexualidade, que pode libertar-me se assumo com honestidade o problema e busco alternativas evangélicas. A castidade exige um processo de autoconhecimento de nossa própria sexualidade. Nesse processo, vamos descobrir coisas maravilhosas sobre nossa sexualidade e nossa castidade. Como é bela nossa generosidade em servir aos outros! Como é bom poder apreciar nossa masculinidade ou feminilidade, com seus valores sexuais! Humildade é assumir todo o processo de libertação e de cura interior em certas áreas de nossa sexualidade, onde não houve ainda a integração ou onde ainda há desvios. Castidade é apreciar nossa capacidade de ter amigos íntimos de ambos os sexos e de crescer humana e espiritualmente por causa dessas amizades. Quando tudo estiver dentro de nosso compromisso de castidade, não haverá absolutamente nada de errado com essas manifestações de nossa sexualidade.

O problema começa quando o desequilíbrio intromete-se nessas amizades, quando queremos dividir nosso coração com alguém e esquecer nosso compromisso casto com Cristo, quando começamos a querer mudar nosso absoluto. Quando trocamos Cristo por outra pessoa. A honestidade começa quando temos coragem de colocar o dedo no problema e buscar solucioná-lo ou em nós mesmos ou no outro. É a coragem de colocar o dedo na chaga, para poder curá-la bem como o desequilíbrio. Quem faz isso, logo às primeiras indicações de desequilíbrio, assume o caminho de libertação. Quem recusa confrontar-se, está convidando muitos sofrimentos e até possíveis infidelidades na castidade. Quem se encontra nessa situação precisa, sem dúvida, de orientação espiritual, para buscar a vontade do Pai. A busca de ajuda já é o começo de libertação.

Uma coisa é interessante sobre a prática da castidade. Muitos dos problemas afetivos acontecem exatamente na nossa busca de servir ao povo de Deus no apostolado. Começamos com amizades boas numa equipe apostólica e mostramos muito serviço alegre ao povo de Deus. Começa, então, o processo de intimidade com uma pessoa da equipe, e, assim, pode começar o processo de ficar apaixonado por ela e uma situação de desequilíbrio. Mais uma vez, o único caminho de libertação é o confronto pacífico com as motivações e opções. É um momento quando o religioso precisa buscar orientação espiritual para esclarecer a vontade do Pai nessa situação concreta e reassumir seu compromisso da castidade. Infelizmente, a tendência humana é de esconder essa realidade de todos e tentar resolver o problema sozinho que é o pior remédio possível. A libertação vem no abrir-se com Deus (*nível espiritual*) e no abrir-se com um diretor(a) espiritual (*nível humano*). Muitas vezes, essa experiência em si serve como uma fonte para assumir com mais clareza e maturidade o compromisso de castidade em favor do reino.

Precisamos também da ascese cristã para viver autenticamente a castidade. O desejo de querer absolutizar qualquer prazer ou qualquer relacionamento amigável existe em todos nós. É uma parte de nossa concupiscência que não podemos negar nem justificar. A prática da castidade exige um sentido agudo de ascese, para poder reconhecer os sinais desse processo de absolutizar o prazer ou o relacionamento e orientar todo esse dinamismo para o culto e a adoração do único Absoluto, Deus. Não se pode fazer isso sem renúncia e ascese. Ascese é aqui um confronto pacífico, mas libertador, quando as tendências do egoísmo e do autoamor, que fazem parte do "velho homem", querem dominar (Rm 7,5-25; 8,5-15; Gl 5,13-25). É o processo de abandonar as tendências que não nos deixam amar a Deus e ao próximo radicalmente.

Isso somente pode acontecer por meio de uma profunda intimidade com nosso esposo Cristo na oração. Apresentamos a ele, com esperança, as áreas de nossa intimidade, sexualidade e genitalidade que não podemos controlar, pedindo a graça de orientar tudo isso para o dom da castidade. Estamos falando de um processo que possivelmente irá até a morte. Cristo liberta se aceitamos a possibilidade de abandonar tudo isso em suas mãos. "Quem me libertará deste corpo de morte? Sejam dadas graças a Deus, por meio de Jesus Cristo, nosso Senhor!" (Rm 7,24). Há necessidade de redescobrir o poder curativo de Jesus no nível espiritual. Ele pode e quer curar-nos dos obstáculos que não nos deixam amar a nós mesmos, a Deus e ao próximo. Mais uma vez, Deus é fiel.

Há a *necessidade de ajudas psicológicas e físicas*. A vida religiosa é uma vida que gera muitas tensões, seja no nível comunitário, seja no apostolado. Nenhum religioso escapa dessas tensões. E onde há tensões, as tentações genitais contra a vivência de nossa castidade aumentam consideravelmente. A vida religiosa precisa achar e desfrutar de momentos de qualidade para relaxar-se. Antigamente, qualquer momento que dedicávamos a nós mesmos era considerado "pecado". Hoje, na linha holística, um momento de descanso físico, psicológico e espiritual é considerado não um luxo, mas sim uma necessidade humana.

A maneira que o religioso escolhe para descansar e aliviar suas tensões é muito diversificada. Alguns gostam de exercí-cios físicos, que os ajudam a suar e aliviar as tensões. Outros podem descansar com um passatempo que os ajuda a "escapar" de sua tensão por alguns momentos de paz. Outros podem aliviar suas tensões ouvindo música ou vendo TV. O importante não é tanto o "como", mas o aceitar a necessidade de atender às nossas exigências humanas. Incluído nisso está o direto de tirar férias de verdade, que proporcionem tempo mais extenso para descansar e deixar as tensões para trás.

O documento sobre a vida consagrada do Concílio Vaticano II diz que umas das maiores ajudas para viver a castidade é *uma boa vida comunitária*. Onde reina uma atmosfera de amor, de compreensão, de carinho, de perdão e de ajuda mútua, a vivência da castidade é profundamente facilitada. A castidade acha espaço para amar e ser amado no nível humano e espiritual. Mas onde reina uma atmosfera de fofoca, de julgamento, de falta de perdão, a vivência da castidade é profundamente dificultada e, pior, o religioso evidentemente vai buscar essa parte afetiva fora da comunidade. Infelizmente, alguns confrades e coirmãs saíram de nossas fraternidades porque não acharam amor e compreensão. Precisamos aprender a nos abrir com os membros da comunidade sobre nossas necessidades maduras de afeição e reclamar quando não existe esse espaço humano-espiritual em nossas comunidades. Há necessidade de muito mais amizade evangélica entre os membros de nossas comunidade religiosas.

Capítulo XI

O VOTO DE OBEDIÊNCIA

Nenhum outro voto tem experimentado tantas mudanças em sua teologia e em sua prática como o voto de obediência. Os próprios questionamentos do mundo moderno e pós-moderno ajudaram, se não forçaram, a vida consagrada a rever, reler e reavaliar o sentido desse voto em sua vida particular, mas sobretudo em seu aspecto comunitário. Havia uma visão tradicional de vários séculos que ensinava que toda a autoridade estava só e exclusivamente na mão do superior religioso, sendo dever dos outros membros da comunidade uma obediência cega diante dessa autoridade. O superior falou, portanto, Deus falou. Havia um modelo sagrado na percepção teológica e na vivência da obediência. De fato, o mundo com suas estruturas políticas e sociais absolutistas mais ou menos seguiam na mesma linha.

As novas noções de democracia, de autodeterminação e de corresponsabilidade na busca e na execução de seu próprio destino, pouco a pouco, infiltraram-se na vida consagrada com muito suor e também com muita resistência. Não foi fácil essa passagem. Novas constituições que frisavam as novas ideias sobre a obediência foram acolhidas com frieza, desconfiança e até como uma manifestação de desobediência à vontade divina. Houve abusos no outro lado do pêndulo. Depois que os velhos modelos de obediência foram descartados, ficou um vácuo teológico imenso. De repente, não havia nenhuma autoridade na comunidade, e todos eram "superiores". Até a palavra "superior" foi proibida. Houve certo tipo de anarquia predominante, que tornou difícil, se não impossível, o andamento de qualquer comu-

O VOTO DE OBEDIÊNCIA

nidade. Hoje em dia, depois de muito estudo, estamos redescobrindo que havia abusos e riquezas nos dois lados. Parece que estamos finalmente chegando a uma maturidade muito maior no conceito teológico e na vivência do voto de obediência. Vamos examinar os três assuntos sobre o voto de obediência: sua teologia, sua virtude e sua prática.

I. A teologia do voto de obediência (Gn 1-3)

1. O plano original do Pai Criador

O Pai em seu imenso amor criou todo o universo e livremente entregou toda a criação nas mãos de Adão e Eva. Eles foram escolhidos para serem os responsáveis e os donos de toda a natureza (Gn 1,27-31). Deus também partilhou com sua criatura predileta alguns dons espirituais que o resto da criação não ganhou. Deu-lhes a inteligência e a vontade livre. Partilhou com eles até um dom divino, a imortalidade. No plano original do Pai, a morte não existiria. Deus chamou os que foram "feitos à sua imagem e semelhança" (Gn 1,26) para uma intimidade profunda com ele, porque falava com eles *face a face* no jardim. Enfim, Deus partilhou tudo com o homem e a mulher, até sua graça, que é uma participação em sua própria vida. Ficamos admirados, com o salmista, diante dessa magnanimidade de Deus: "O que é o homem, para dele te lembrares? Tu o fizeste pouco menor do que um deus e o coroaste de glória e esplendor" (Sl 8,5-6).

E Deus fez uma aliança bilateral com suas criaturas amadas. Essa aliança significa que há direitos e obrigações nos dois lados que fazem a aliança. Deus obrigou-se a cumprir tudo o que vimos acima. E pediu somente a obediência do homem como sua parte na aliança bilateral. O grande catequista do Gênesis apresenta assim essa aliança: "Você pode comer de todas as árvores do jardim. Mas não pode comer da árvore do conhecimento do bem e do mal, porque no dia em que dela comer, com certeza você morrerá" (Gn 2,16-17). O conteúdo dessa aliança compreende o direito exclusivo de Deus na determinação da moralidade. Moralidade é a ciência que nos faz saber o que é bom e o que é mau. Deus partilhou tudo com sua criatura, menos esse dom divino de determinar a moralidade. Deus quis ficar com esse dom, porque já sabia que o homem iria abusar dele se o tivesse. O homem iria declarar boas coisas que de fato são más. A aliança foi feita na linha da obediência e na linha da confiança no amor e na bondade de Deus, uma vez que ele não pode enganar seus filhos no tocante à moralidade. Seu amor nunca permitiria esse engano. E Deus pediu que sua criatura confiasse em seu amor, pela obediência e pelo cumprimento da aliança. E o homem e a mulher fizeram aliança bilateral com Deus.

2. O pecado entrou no mundo

O homem, em seu profundo orgulho, não somente rejeitou a aliança do Pai, mas, mais grave, desconfiou do amor do Pai e desobedeceu. Eles não podiam acreditar que o Pai pudesse amá-los tanto. Toda a desobediência é basicamente um ato de desconfiança no amor do Pai.

Adão e Eva engoliram a grande mentira do tentador: "De modo nenhum vocês morrerão. Mas Deus sabe que, no dia em que comerem o fruto, os olhos de vocês vão se abrir e *vocês se tornarão como deuses*, conhecedores do bem e do mal". Em poucas palavras, as criaturas seriam iguais ao seu Criador. E o orgulho consiste em querer ser o que não se pode ser. Mesmo que as criaturas quisessem ser iguais a Deus, isso seria impossível, embora Deus, em seu amor, tivesse feito o homem e a mulher "apenas um pouco menor do que um deus" (Sl 8). O homem quebrou a aliança. E sendo uma aliança bilateral, Deus não estava obrigado a cumprir sua parte da aliança. E os resultados desse pecado foram imensos.

Acabou a intimidade entre Deus e suas criaturas prediletas. Acabou a contemplação "face a face". Agora, quando Adão e Eva escutaram os passos de Deus no jardim, "eles se esconde-

O VOTO DE OBEDIÊNCIA

ram da presença de Javé Deus" (Gn 3,8). Não só acabou a contemplação, mas o relacionamento entre Criador e criatura agora está baseado no medo, um dos piores efeitos do pecado.

Entrou no mundo a concupiscência. Antes não havia malícia e tudo estava baseado no amor e no respeito mútuo. Agora Adão e Eva "perceberam que estavam nus. Entrelaçaram folhas de figueira e fizeram tangas" (Gn 3,7). Agora, a natureza e sobretudo a sexualidade, ao invés de levar as criaturas a Deus em um ato de culto e adoração, seriam uma fonte de malícia e pecado.

Um dos maiores efeitos na quebra da aliança foi que entrou no mundo a morte. A morte física e a morte espiritual. "Você é pó, e ao pó voltará" (Gn 3,19). Pela primeira vez, entrou no mundo o grande sofrimento de desespero. O homem foi expulso do jardim e já não tinha acesso livre ao seu Criador. Ficou numa situação de "não salvação". O homem percebeu que não pode salvar-se a si mesmo e entrou em desespero. Descobriu sua situação de fraqueza e de impotência. A imagem que as Escrituras usam muito para descrever essa situação é que o homem agora está no lodo ou na lama, sem esperança de sair dessa situação (Sl 40, 3). Ele que desconfiou do amor do Pai, agora está numa situação sem esperança.

3. A promessa da salvação por meio da obediência

Deus, que tinha cumprido sua parte na aliança bilateral, teria todo o direito de desligar-se do homem e da mulher. Mas seu amor não permitiu que isso acontecesse. Nesse momento crítico da história da humanidade, Deus fez uma aliança unilateral, obrigando somente a si mesmo a cumprir essa nova aliança. Apesar da desconfiança e do orgulho do homem, Deus prometeu: "Javé disse para a serpente: 'Eu porei inimizade entre você e os descendentes dela. Estes vão esmagar-lhe a cabeça...'" (Gn 3,14-15). Deus prometeu que um dia iria mandar para eles um Salvador, que tiraria os desesperados da lama e do lodo e iria devolver-lhes sua dignidade de filhos de Deus, segundo o

192   A TEOLOGIA DA VIDA CONSAGRADA

plano original do Pai. O ofendido vai salvar o ofensor. O amante vai salvar aquele que desconfiou de seu amor. Deus, o obediente diante da aliança, vai salvar o desobediente. E assim começou a história da salvação. Todo o resto da Bíblia é simplesmente o desenvolvimento dessa história de um Pai fiel salvando suas criaturas.

Mas a maneira que Deus escolheu para cumprir fielmente sua promessa de salvação seria *a obediência de seus filhos*. Nessa história de salvação, quando o homem confiou e obedeceu, a salvação foi realizada. Quando o homem desconfiou e desobedeceu, a história da salvação dramaticamente parou. "Assim como, pela desobediência de um só homem, todos se fizeram pecadores, do mesmo modo pela obediência de um só, todos se tornarão justos" (Rm 5,19).

O primeiro grande homem nessa história da salvação foi Abraão, que é apresentado na Bíblia como um homem de fé, confiança e obediência diante do Senhor (Gn 12,1-9; 15—20; 22,1-18; Hb 11,8-19; Tg 2,23). Outro grande personagem de fé e de confiança foi Moisés que, apesar de muitas provações e resistências, foi profundamente obediente ao Senhor Javé. Ele chegou até uma grande intimidade com Deus, por meio de sua obediência, porque "Javé falava com Moisés face a face, como um homem fala com o amigo" (Êx 33,11; Dt 34,10-12; Hb 11,24-29).

Todos os profetas e profetisas do Antigo Testamento foram homens e mulheres que receberam o convite difícil de serem a "boca de Deus" para seu povo rebelde e, em obediência, responderam "sim, eis-me aqui". Foram homens e mulheres de fé, confiança e obediência. E a história de salvação avançou por causa de sua obediência (Is 6,1-13; Jr 1,4-10; Os 3,1-5).

E quando chegou o momento crítico de o Pai cumprir plenamente sua promessa de salvar o mundo, Deus pediu um ato extraordinário de obediência de uma mulher, Maria, e convidou-a a participar nessa história de salvação. E Maria respondeu: "Eis aqui a serva do Senhor, faça-se em mim segundo sua palavra" (Lc 1,38). Pela obediência de Maria, o Salvador fez-se carne e habitou entre nós.

O VOTO DE OBEDIÊNCIA

Em todo o Novo Testamento, Cristo, o Verbo Encarnado, é apresentado como o filho obediente diante de seu Pai, e "obediente até a cruz" (Fl 2,6-11; Jo 4,34; 10,1-42). Cristo assumiu o dever de obedecer ao Pai e livremente assumiu a missão do "Servo de Javé" que iria salvar seu povo e reconciliar toda a humanidade com seu Pai Criador (Is 53,1-12; Cl 1,17-20; Ef 1,3-14). O primeiro Adão desconfiou do amor do Pai e disse "não". E o "novo Adão" confiou no amor do Pai por meio de sua obediência e disse "sim" (Rm 5,14-21; Hb 10,5-14).

Depois de Cristo, a história de salvação continuou através dos apóstolos que aprenderam de Cristo a serem homens obedientes à vontade do Pai, especialmente Pedro e Paulo. E a linha de obediência continua até hoje através de todos os religiosos consagrados. O voto de obediência coloca-nos teologicamente na corrente dessa linha de homens e mulheres que querem continuar Cristo em sua obediência radical diante do Pai, continuando assim a história da salvação. Pelo voto de obediência, o consagrado é convidado pelo Pai a participar da história da salvação e salvar a humanidade de seu tempo. É um continuar o gesto de Cristo obediente aqui e agora. A obediência religiosa é um convite a participar com o Pai na salvação de toda a humanidade. O "desejo louco" do Pai é salvar toda a humanidade (S. Afonso). O Pai convida seus consagrados a participarem com ele nesse projeto de salvação. Por isso, teologicamente a obediência, livremente assumida pelos consagrados, salva a humanidade do "lodo e da lama" e reconcilia todos com o Pai. Sem confiança no amor do Pai e sem a fé é impossível ser obediente. Primeiro vêm o amor, a confiança e a fé no amor e na salvação do Pai, e só depois vem o "eis-me aqui". O amor sempre precede a obediência.

4. Uma definição teológica da obediência religiosa

A obediência religiosa na sua dinâmica e no seu dinamismo interior é a consagração total a Deus da própria vontade que causa comunhão intensa com a vontade salvífica do Pai, em imitação de Cristo Servo Sofredor. Vamos contemplar as partes dessa definição.

Consagração total — Estamos falando aqui de uma doação radical, de fato, do ato mais profundo possível de culto e adoração a Deus. Não há nada mais sagrado e humano que possamos oferecer a Deus do que lhe oferecer nossa vontade livre. O religioso livre e alegremente oferece sua vontade ao Pai, em consagração, para poder amar a Deus de todo o seu coração. Obediência, em sua mais profunda motivação, significa um amor radical a Deus. É um holocausto. É consagração. É viver o Primado do Absoluto ou consagração. É culto e adoração.

A Deus — O religioso não obedece a seu superior religioso. O dom de nossa vontade somente pode ser feito a Deus. Sempre precisamos ir além do superior religioso para ver o "rosto do Pai". Sem essa motivação, nossa obediência seria defeituosa. Toda obediência religiosa começa e termina na pessoa de Deus Pai. Mais uma vez, ela significa um amor radical ao nosso Pai.

Da própria vontade — Essa é a essência do dom ao Pai. O Pai deu-nos esse dom irrevogável, a vontade livre. Ele confirmou esse dom no dia de nosso batismo. Por meio da obediência religiosa, devolvemos esse dom ao Pai, mas agora como um dom nosso. É todo um processo, motivado pelo amor, de querer estar em união com a vontade do Pai.

Que causa uma comunhão intensa — Quando um religioso une sua vontade com a vontade do Pai, uma comunhão intensa de amor está criada entre os dois amantes. O Pai, de várias maneiras, manifesta sua vontade ao consagrado e convida-o a livremente unir sua vontade com a vontade dele. Não existe, em toda a vida espiritual e mística, união maior do que essa união de amor. É o que os grandes escritores da vida espiritual chamam de "união de vontades". Durante sua vida, foi a maior experiência que Cristo teve de sua união com o Pai, especialmente no Jardim de Getsêmani e na cruz.

Com a vontade salvífica do Pai — Isso constitui a finalidade de toda essa união com o Pai. Constitui a motivação mais profunda por detrás da vontade do Pai. Apesar de ofendido e

O VOTO DE OBEDIÊNCIA

rejeitado por seus filhos (Gn 3), o Pai só tem um desejo. Quer salvar toda a humanidade. A obediência religiosa une os consagrados exatamente com essa vontade e com esse amor incrível do Pai. Deus, de uma forma misteriosa, quer que o homem participe na salvação da humanidade. E o religioso busca estar em sintonia com essa vontade do Pai de uma forma radical, para poder concretizar a vontade do Pai no tempo e no espaço. Estamos falando aqui do processo da história da salvação.

Em imitação de Cristo Servo Sofredor — O modelo em toda obediência religiosa é o Filho de Deus que se fez carne, habitou entre nós e livremente foi obediente diante dessa vontade salvífica do Pai. Ele esvaziou-se e aniquilou-se para acolher e cumprir a vontade salvífica do Pai. Ele se ofereceu na cruz em obediência, para poder salvar a humanidade e estar em união intensa com a vontade de seu Pai. O Servo, Jesus, confiou no amor e na salvação do Pai. O religioso, tentando continuar esse mesmo gesto de obediência, entra no mesmo projeto do servo de Javé e assume, em obediência também, os quatro cânticos do Servo (Is 42,1-9; 49,1-9; 50,4-11; 53,1-12).

Portanto, a obediência religiosa liga o homem-criatura ao seu Pai Criador por meio de Cristo e coloca o consagrado na grande iniciativa da salvação do mundo. A obediência religiosa continua a promessa do Pai feita no Gênesis. Em poucas palavras, a obediência autêntica salva e manifesta profeticamente a vontade salvífica do Pai ao mundo. A obediência religiosa situa-se no mistério de Cristo Servo Sofredor. A obediência significa uma doação radical ao Pai, para poder viver o Primado do Absoluto. Infelizmente essa razão espiritual e mística para a obediência foi esquecida nas últimas décadas, porque ficou encoberta por considerações canônicas, morais e até por injustiças, nos modelos de obediência cega e autoritária. O aspecto de uma doação de si mesmo livre e adulta, que somente pode nascer de uma atitude radical de fé e de amor, foi esquecido. Toda a ênfase estava no "fazer" ou na "execução", e a motivação do amor ao Pai e à humanidade, que é mais evangélica, foi esquecida. Obediência tem a ver com amor.

5. A dinâmica da obediência de Jesus Cristo

Para captar a essência da obediência evangélica e religiosa, seria necessário voltar a contemplar o Verbo Encarnado, que se fez obediente à vontade do Pai e assim salvou toda a humanidade (Hb 5,6-9). A obediência de Cristo começou quando ele era ainda somente sua divindade, antes da criação do mundo. Antes da criação, o Pai Criador já sabia que sua criação iria ser infiel à sua aliança. E mesmo assim, motivado pelo seu amor, ainda criou o homem e a mulher! E o Verbo, o Filho de Deus, já antes da criação, uniu sua vontade à vontade de seu Pai, que queria salvar toda a humanidade infiel (Ef 1,2-23). Portanto, a obediência em Cristo não é simplesmente humana, mas também é divina. Assim podemos analisar a dinâmica da obediência do Verbo Encarnado, que deve orientar nossos passos na obediência religiosa.

a) Ágape
Toda obediência religiosa começa com a motivação mais profunda possível, isto é, com o amor. Falamos do amor do Pai ao seu Filho, e a resposta concreta de amor do Filho ao Pai. Sem o amor, não pode haver obediência evangélica. Num primeiro momento, a obediência de Cristo começou num diálogo amoroso com o Pai, na contemplação. Toda obediência religiosa inicia-se na contemplação do amor do Pai ao seu consagrado.

b) Comunhão
Nesse diálogo amoroso com seu Filho, o Pai revelou seu "querer" mais intenso ou sua vontade mais intensa. *O Pai quis salvar toda a humanidade infiel*. O Filho captou essa vontade salvífica do Pai e quis cumprir e realizar esse querer por amor. Esse ato de querer cumprir a vontade do Pai causou uma profunda união entre o Pai e seu Filho. Aconteceu uma uniformidade de vontades. Na vida consagrada, o Pai constantemente revela sua vontade e convida o consagrado a ficar em comunhão com sua vontade. Mas a motivação tem de ser a mesma de Cristo, isto é, o amor ao Pai.

O VOTO DE OBEDIÊNCIA

c) Submissão ou docilidade

Esse é o ponto crítico de toda obediência cristã. Durante essa comunhão intensa, o Pai revelou ao Filho seu "querer". O Filho, então, percebeu que precisava unir-se a essa vontade do Pai, com um ato concreto de obediência. O Filho teve de transformar seu querer no querer do Pai que exigia *um ato de submissão.* É o ato mais profundo de amor possível. A essência da obediência religiosa está nesse ato livre de acolher o querer do Pai e fazer seu querer como o do Pai, para estar em sintonia com a vontade salvífica do Pai. E esse querer do Pai na vida de seu Filho Cristo concretizou-se no assumir todo o Mistério Pascal. Cristo livremente assumiu a Encarnação, a Paixão e a Ressurreição para salvar a humanidade por meio de sua submissão e obediência ao Pai (Fl 2,6-11; Mt 3,16-17; Lc 9,28-36). Toda a obediência religiosa está nesse seguimento de Cristo, exatamente em seu grande ato de submissão à vontade do Pai, que quis salvar toda a humanidade. Continuamos Cristo no amor, na obediência, na confiança e na fé, que se realizam no ato de livre submissão da nossa vontade para podermos estar em sintonia com o querer do Pai.

d) Execução

A execução é simplesmente o cumprimento da submissão já assumida. Cristo radicalmente acolheu a vontade do Pai num processo que durou toda a sua vida, mas o momento crítico foi no Jardim das Oliveiras. Depois que Cristo finalmente disse seu "sim" e submeteu-se ao Pai, então veio a execução durante a Paixão. Muitos religiosos confundem a essência da obediência com a execução, sem primeiro passar pela submissão. Alguém pode executar algo, mas com um coração totalmente contrário, sem nenhuma submissão. Não pode haver obediência se falta a motivação de amor, que acompanha o ato de submissão. A execução não é o que me faz obediente, mas sim a submissão. É claro que uma obediência autêntica tem de chegar também à execução (Mt 21,28-31). Não pode ficar somente em teorias ou sonhos. É um assumir realmente o querer do Pai, em amor e confiança, chegando até a realização desse querer do Pai. *Exige-se submissão, exige-se renúncia, exige-se amor.*

6. A obediência religiosa

Toda a teologia da obediência é um mistério batismal. É no batismo que o Pai abraça seu filho e sua filha, e mostra para eles seu ágape, seu amor incrível de Pai (1Jo 4,9-10). Foi nesse momento que Deus nos convidou a participar na corrente da história da salvação. O Pai coloca diante de nós nosso modelo na obediência radical, seu próprio Filho Jesus, o Verbo Encarnado. Somos então convidados a *continuar o gesto obediente de Cristo em nosso tempo*. A obediência religiosa é o desejo de continuar Cristo obediente.

Para fazer isso somos obrigados, no amor, a buscar o "querer do Pai" em tudo. É uma busca de união de vontades entre o Pai e o consagrado, que quer viver seu batismo na radicalidade. A essência da obediência religiosa está em o consagrado querer chegar até a máxima comunhão com o querer do Pai. O religioso quer que sua obediência batismal seja total e sem limites, na imitação de Cristo, para poder amar o Pai radicalmente. A Igreja oferece ao batizado-consagrado esse meio pelo voto de obediência.

Para poder viver a obediência radicalmente, é necessária uma vida profunda de fé. Para poder viver em plenitude sua obediência batismal e religiosa, o religioso escolhe entrar numa comunidade, dirigida por uma regra de vida (constituições). Para descobrir a vontade do Pai ele confia todo o seu discernimento a superiores que, como ele, são pessoas imperfeitas. Vive buscando esse querer do Pai num grupo de irmãos que, muitas vezes, são imperfeitos e até decepcionantes. E, apesar de tudo isso, ele faz um ato profundo de fé, acreditando que Deus vai lhe revelar seu querer no meio desse grupo. Para viver isso, o religioso precisa de muita fé e confiança.

Somente o acontecimento Jesus Encarnado pode-nos iluminar nessa dura realidade. Jesus optou por descobrir o querer do Pai em uma comunidade apostólica, que era em si muito imperfeita. Livremente optou por viver uma vida comunitária que o ajudasse na obediência. *Cristo precisava de uma dupla dinâmica em sua obediência*. Precisava estar sozinho cada noite com seu Pai, na dimensão vertical e na contemplação. Mas também buscava o querer do Pai na dimensão horizontal, por meio de uma comunidade de irmãos imperfeitos. Acreditava que o Pai iria revelar seu querer por meio dessas duas dinâmicas. Por isso, a fraternidade religiosa não é algo paralelo ao mistério cristão. Ao contrário, está em pleno coração desse mistério. Nossos irmãos são epifanias ou manifestações do querer do Pai, se temos a fé que nos leva a buscar essa vontade na pessoa de nossos irmãos, até nos irmãos mais humildes. Eles são um caminho para o interior do Pai, onde ele revela seu querer. Essa dinâmica já se revela no relacionamento entre esposo e esposa, hierarquia e fiéis, superior e irmãos na vida consagrada. A dinâmica é a mesma. São meios que facilitam ver o querer do Pai na vida.

E, finalmente, outro princípio apresentado por todos os grandes escritores espirituais sobre a obediência: se alguém está buscando viver na perfeição sua obediência, ele precisa de um "guia espiritual". Esse guia espiritual pode ser um diretor espiritual ou o superior da comunidade. Toda a pessoa, consciente de suas limitações, precisa recorrer a outra que a ajude a discernir o querer do Pai na vida concreta. É claro que estamos falando de decisões maiores que um religioso precisa tomar. No fundo, como consagrados, somos limitados e até pecadores, mas possuídos por um desejo sincero de perfeição na obediência, que é desproporcional à nossa fraqueza humana. O consagrado, portanto, deve procurar um grupo de irmãos unidos entre si pela mesma regra de vida, pelo mesmo ideal e pela mesma busca evangélica. E um, entre esses irmãos, é nomeado superior do grupo. A função mais sagrada de um superior, coisa muito esquecida ultimamente, é ajudar seus irmãos a buscar e acolher a vontade do Pai. Ele está aí especificamente para nos levar à fidelidade na busca do querer do Pai, para continuarmos Jesus Cristo hoje. Deve ser um mestre espiritual que ajude o consagrado na perfeita comunhão com o querer do Pai.

II. A virtude da obediência

Lembramos que uma virtude não é um ato isolado. Não é um ato dramático que vai acontecer uma vez apenas em nossa vida. Virtude é algo que deve ser a fonte de nossas motivações nas circunstâncias comuns de cada dia. É um meio para viver o Primado do Absoluto.

Basicamente, a virtude da obediência é a virtude da fé. É um ato profundo de confiança que Deus quer me salvar como indivíduo, que quer salvar todos os membros de minha comunidade, que finalmente Deus quer salvar toda a humanidade. A virtude da obediência começa na contemplação desse dom pessoal de salvação em nossa própria vida. Deus entra concretamente em nossa vida e quer salvar-nos: "Eu te resgatei" (Is 43,1-6). A virtude da obediência consiste em despertar nossa fé para perceber e celebrar esse ato de amor do Pai em nossa vida, que nos foi conseguido pelo dom livre do Cordeiro imolado na cruz. A virtude da obediência deve ser uma fonte de liturgia em minha vida. A virtude expressa-se por meio de nossa crença nessa salvação pessoal que vem de Deus e atinge tudo o que somos e fazemos. Isso exige atos concretos de confiança na fidelidade de Deus diante de sua promessa de salvação. Confiança no ato salvador de Cristo na cruz. Confiança na fidelidade do Espírito Santo, que faz esse processo de salvação acontecer. Essa fé e essa confiança são coisas que devem acontecer sempre, mas sobretudo nos sofrimentos inevitáveis da vida, e quando acontecem coisas sobre quais não temos controle. A virtude da obediência, portanto, significa que diante desse amor, dessa fidelidade e dessa salvação de Deus, o consagrado precisa dar uma resposta concreta. A resposta de confiança no amor de Deus concretiza-se na busca dessa vontade do Pai em tudo, devendo o nosso querer estar em sintonia com o querer do Pai.

A virtude da obediência consiste também em acreditar que Deus quer não somente nos salvar, mas que "enlouquecido pelo amor" quer salvar toda a humanidade (S. Afonso). E a virtude da fé entra justamente nessa crença incrível que o Pai me con-

O VOTO DE OBEDIÊNCIA

vida para continuar o mesmo gesto de seu Filho Jesus, participando com ele na salvação do mundo através de minha obediência. Pela fé e pela confiança, que desembocam em nossa disposição radical diante da vontade do Pai, nós realizamos o plano de amor e de salvação do Pai. Somos instrumentos de Deus para realizar sua salvação hoje. Sem a virtude da fé, não podemos ver, até nas coisas simples assumidas com obediência, que estamos cooperando na salvação do mundo de hoje.

A virtude da obediência exige muita confiança. Uma confiança que se manifesta como nossa resposta totalmente pessoal através da obediência. Nas coisas simples, que não exigem muita doação de nós mesmos, essa confiança seria fácil. Mas no meio de problemas, dificuldades, resistências e obstáculos, quando vemos nossa fraqueza e infidelidade, essa confiança exige mais fé. E essa fé não é em nossas forças, mas na presença amorosa e salvadora de Deus em nossa vida. Esse foi o drama de todos os profetas que, no meio das dificuldades, sentiram medo e resistência. O que firmou sua confiança foi sua fé nas palavras de Deus: "Não tenha medo, estarei com você" (Js 1,9; Is 41,10-13; Jr 1,8; 42,11; Mc 6,50).

A virtude da obediência tem muito a ver com missão assumida na Igreja e no mundo. Deus manda-nos como seus mensageiros e profetas para participar da salvação da humanidade. Obediência muitas vezes é sinônimo de acolhimento de uma missão. É uma continuação do Verbo Encarnado, que veio para cumprir a vontade do Pai (Jo 6,38). É uma disposição radical, até a cruz, diante da vontade do Pai. Quem quer seguir radicalmente Jesus Cristo vai encontrar cruzes em sua vida. Não necessariamente grandes cruzes, mas cruzes sim. A obediência, mais cedo ou mais tarde, convida-nos a estar com Cristo no Calvário, no grande ato de obediência salvadora, assumindo nossa cruz e juntando-a com a cruz de Cristo em obediência salvadora. Obediência é viver o mesmo destino do Servo Sofredor de Javé (Lc 9,23).

A virtude da obediência, pois, exige uma abertura radical para captar esse "querer" do Pai pela obediência religiosa em comunidade na oração, na liturgia, nos sinais dos tempos, nas Constituições e Estatutos de nossa regra de vida. É o processo de "vigilância" para ver e acolher o querer do Pai em tudo, e a ele submeter-se. A vontade do Pai cerca-nos, e a virtude da obediência faz-nos mais sensíveis para percebê-la até nas coisas pequenas. Essa dinâmica não pode acontecer sem a dinâmica de contemplação-missão. O religioso não pode ser obediente sem primeiro buscar a presença do Pai na oração e especialmente na contemplação, em que Deus nos chama à sua intimidade na montanha. É na intimidade que o Pai revela seu querer ao consagrado. E da montanha, em obediência, o consagrado desce e assume sua missão, cumprindo o querer do Pai na vida cotidiana. Obediência não é teoria: é vida, é ação. A virtude da obediência é todo o jogo de buscar essa vontade do Pai num contexto comunitário. O próprio Verbo Encarnado buscava esse apoio em sua comunidade. Assumindo nossa limitação humana e espiritual, buscamos a clareza dessa vontade do Pai na partilha de fé na comunidade. Por meio de estudos, oração partilhada, revisão de vida e busca de conversão contínua, a vontade do Pai começa a se esclarecer. É difícil buscar essa clareza sozinho. A virtude, pois, consiste em uma abertura radical, pessoal e comunitária para perceber e assumir a vontade do Pai.

E, finalmente, a virtude da obediência é a "espiritualização" de nossa vontade livre. Como é fácil enganar-nos a nós mesmos a respeito da vontade do Pai, e como é fácil deixar motivações egoístas interferir na busca dessa vontade! A virtude da obediência é convite feito ao Espírito Santo para que venha purificar essa parte do nosso ser consagrado. É deixar o Espírito Santo questionar as motivações por detrás de nossa obediência. É deixar o Espírito Santo mostrar-nos a verdade que nos pode libertar. É deixar o Espírito Santo curar as cicatrizes do passado que não nos deixam chegar até essa confiança radical no amor e na salvação do Pai. É deixar o Espírito Santo continuar em nós a mesma missão e o mesmo destino do Verbo Encarnado.

III. A prática da obediência

Dos três meios evangélicos para viver o Primado do Absoluto na consagração, a obediência é o maior santo desafio. A vontade do Pai nem sempre é clara no primeiro instante. Exige muita busca, oração e discernimento. Às vezes nosso único meio é imitar a obediência de Maria que "não compreendeu o que o menino acabava de lhe dizer", e por isso "conservava todos esses fatos, e meditava sobre eles em seu coração" (Lc 2,19-50). Obediência precisa de trabalho para chegar até a clareza no discernimento da vontade do Pai.

1. Abertura

A primeira etapa da obediência é o trabalho para estar aberto ouvindo e buscando a vontade do Pai em tudo. Isso manifesta-se de muitas maneiras, mas o fim é sempre o mesmo: *querer estar em união com a vontade salvífica do Pai*. Primeiro, exige uma abertura diante da Palavra de Deus pela qual o Pai manifesta seu querer. Exige tempo de oração, para discernir o que Deus quer dizer a nós pessoal e comunitariamente. Exige um tempo de estudo dos documentos da Igreja e da Congregação, para que a vontade do Pai se possa esclarecer através desses meios humanos. Exige, às vezes, uma busca a dois da vontade do Pai, pela direção espiritual. Exige diálogo com nosso superior provincial e local, para esclarecermos juntos a vontade do Pai em circunstâncias concretas. Afinal de contas, é nossa vontade livre e nossa obediência consagrada que estamos oferecendo ao Pai em consagração. Essa busca sempre começa num processo pessoal. Todavia, deve desembocar num processo comunitário, no qual livremente colocamos "nosso querer" diante da comunidade, pedindo que nos ajude a discernir o querer do Pai em nossa vida consagrada. Sem essa abertura, corremos o risco de buscar nossa autossatisfação ou nossa autorrealização, de forma egocêntrica egoísta. Sem nos abrir para outras fontes fora de nós, é difícil

204　　　　　　　　　　A teologia da vida consagrada

descobrir a vontade do Pai nas coisas mais importantes da nossa caminhada religiosa.

Há um crescente individualismo presente em nossos conventos, onde nosso "eu", sem diálogo com ninguém, torna-se a fonte suprema e única para discernir a vontade do Pai. E o resultado desse fechamento em nós mesmos é que o que decidimos é considerado um absoluto! Ninguém pode questionar o que decidimos, nem a comunidade, nem os superiores legítimos, nem as autoridades da Igreja. Precisamos redescobrir o verdadeiro sentido da busca pessoal e comunitária da vontade do Pai.

2. Necessidade de submissão

O coração de toda a obediência está no ato livre de sintonizar nosso querer com o querer do Pai. Já vimos que isso não pode ser feito sem uma submissão motivada por um amor filial ao Pai. A submissão exige, pois, generosidade da parte do consagrado. Exige um ato livre e generoso de amar o Pai através de nossa obediência. É uma generosidade que nos lança na participação da história da salvação, que exige também participação no destino de Cristo Servo Sofredor.

Às vezes, essa generosidade vai exigir dos consagrados uma coragem evangélica, porque sempre aparecerá a necessidade de confiar no Pai no meio de nossas cruzes. A submissão não deve ser um ato automático e banal. Exige muita meditação antes que se possa livremente dizer a Deus "eis-me aqui para fazer sua vontade". Exige muita união com Cristo. Exige muita força do Espírito Santo. Mais uma vez, a submissão começa na contemplação e no diálogo amoroso entre o Pai e o consagrado; e após a comunhão intensa vem o momento crítico da submissão.

3. A execução

Depois da submissão, vem a execução. Na execução há necessidade de muita fé. Crer que Deus nos escolheu, individual e comunitariamente, para continuar a missão salvífica de seu Filho no mundo de hoje. Essa fé cria no consagrado a confiança, pela qual Deus pode fazer maravilhas em nós e por nós.

A execução também exige muita caridade. O amor sempre está por detrás da motivação de nossa obediência. Um amor radical ao Pai e ao próximo, que é o cumprimento da aliança do batismo. Sem amor, não há obediência evangélica. Exige-se a doação de nós mesmos para captar e executar submissamente a vontade do Pai. A motivação que está por detrás de toda obediência não pode ser nem o medo, nem qualquer imposição (1Jo 4,17-19; Rm 8,14-15). Como é importante, até nas coisas pequenas da obediência cotidiana, esclarecer a motivação de nossa obediência! Muitos fomos formados para obedecer por razões legalistas ou por obrigação, o que possivelmente criou em nós uma motivação de medo ou uma obediência simplesmente externa, sem motivação de culto e adoração. Alguns fomos formados num ambiente de tanto medo que agora sofremos uma escrupulosidade doentia, que é outra forma de medo e que nos leva a ver em tudo pecado contra a santa obediência.

Há outras motivações erradas, que podem proceder de nosso ambiente familiar ou da formação inicial, e que precisam ser profundamente purificados para vivermos uma obediência mais adulta e amorosa. Motivações como a de querer ser "bonzinho" e ser visto favoravelmente pelos outros, especialmente pelos superiores. Motivações por medo de castigos, de qualquer tipo, físico ou psicológico. Tudo isso interfere no amor a Deus e ao próximo que deve fundamentar nossa obediência. Precisamos purificar essas motivações, para trocar o medo por uma motivação de amor. É questão de procurar um momento de silêncio, para ter um confronto com nossas motivações. Pode ser que, no passado, a motivação predominante para buscar a perfeição em tudo tenha sido o medo ou até o orgulho (Fl 3,6-9). Não precisam ser essas nossas motivações hoje. Deus quer curar-nos de tanto sofrimento. Quer que experimentemos seu amor em nossa obediência.

4. Corresponsabilidade

A maioria dos religiosos mais velhos foi formada numa estrutura de obediência que podemos chamar de "piramidal". Toda a autoridade vinha de cima para baixo. Somente o superior tinha o direto de discernir a vontade do Pai, e o resto da comunidade tinha a obrigação de não questionar, mas de simplesmente obedecer. Tal estrutura, infelizmente, ainda existe em algumas congregações masculinas e femininas.

Em certo sentido, ela era mais segura, porque tirava do consagrado toda a responsabilidade pessoal pela sua obediência. Era uma obediência de conveniência. Era uma obediência cega, que possivelmente ocultava uma obediência infantil e que não tinha muito valor evangélico. Se tudo saía bem, a comunidade tinha acertado. Mas se não dava certo, somente o superior era culpado. Livrava os outros de responsabilidade.

De repente, o Concílio Vaticano II e as novas constituições, que cada congregação teve de escrever, começaram a introduzir frases questionantes como: "corresponsabilidade na obediência"; o dever do superior é "levar os confrades a cooperar com obediência ativa e responsável no desempenhar encargos e no assumir iniciativas"; "o superior precisa ouvir todos, de boa vontade"; "todos os confrades são, juntamente com os superiores, corresponsáveis e solidários no cumprimento da vontade de Deus Pai".

Essas novidades revolucionaram todo o sistema da obediência religiosa. Acabou para sempre qualquer estrutura "piramidal". Agora todos são obrigados a buscar juntos a vontade do Pai, e todos são importantes na busca dessa vontade, seja individualmente, seja no ambiente comunitário ou provincial.

Essa obrigação, que está motivada pelo amor filial, inclui a busca da vontade do Pai, a submissão e a sua execução com corresponsabilidade. A maioria das congregações teve e ainda tem algumas dificuldades nessa estrutura para a corresponsabilidade. Não estamos acostumados a ser responsáveis em nossa obediência. A corresponsabilidade exige muito mais do

O VOTO DE OBEDIÊNCIA

que a solução piramidal. Exige estudar junto, orar junto, dialogar junto, fraternidade num nível mais intenso e, sobretudo, um respeito profundo por cada membro da comunidade como epifania da vontade do Pai. Exige um respeito profundo por cada membro da comunidade, até pelos membros mais humildes, como fontes do Espírito Santo para esclarecer a vontade de Deus para cada um pessoalmente e para a comunidade em geral. O Espírito Santo revela em cada membro da comunidade uma parte da vontade do Pai. É como um quebra-cabeça que, com a contribuição de cada membro, começa a formar uma imagem perfeita. Se um membro opta por não ser corresponsável, uma parte da imagem ficará distorcida ou inacabada.

Outra nova realidade na obediência é a democracia. Depois de estudo, oração e diálogo, a comunidade normalmente vota o que considera ser a vontade do Pai numa circunstância concreta. A regra é que a maioria revela a vontade do Pai. Parece tão fácil, mas isso causou muitos problemas na vida comunitária e na busca sincera da vontade do Pai. Infelizmente, a democracia foi reduzida a uma questão de "quem ganha e quem perde". Essa não é a finalidade de um discernimento evangélico. O sistema democrático dividiu muitas comunidades no começo da nova estrutura de obediência corresponsável. Não estávamos prontos para assumir uma verdadeira democracia evangélica.

Alguns erros dessa nova democracia foram os seguintes: Há necessidade de tempo suficiente para discernir a vontade do Pai que exige, em primeiro lugar, a purificação de nossas motivações diante da vontade do Pai. Muitas vezes, há no centro de nossa motivação o egoísmo, a competição, o orgulho, o comodismo e a vingança (1Tm 6,4-5). Não é possível buscar a vontade do Pai com essas motivações. A purificação das motivações tem por finalidade chegar até a motivação de amor que é essencial na busca da vontade do Pai.

Outro erro foi o infantilismo demonstrado quando um lado perdia. Quem perdia, por isso mesmo, não assumia o cumprimento do que fora decidido pela maioria. Havia acusações de manipulação e outras desculpas para não assumir o que a maioria escolhera. Havia muita criancice entre os que perdiam no processo de discernimento. O importante era ganhar, e não buscar a vontade do Pai. Tal atitude também criou facções ou partidos em muitas províncias, até hoje. Muitos vinham para o processo de discernimento "armados" não só para ganhar, mas para derrotar os do outro partido. Não havia abertura para discernir a vontade do Pai, por falta de conhecimento do novo sistema de corresponsabilidade e democracia evangélica. O importante em todo discernimento é a busca comunitária da vontade de Deus e, uma vez que essa se torne clara, a submissão de todos na execução dessa vontade. Esse conceito faltava muito no passado e, graças a Deus, está começando a ser aceito e vivido nas comunidades religiosas.

5. O que atrapalha o processo de obediência

a) Orgulho

O orgulho, no processo da obediência, é a atitude de quem se julga "a fonte única da verdade", tendo todos de aceitar sua opinião. É o tipo de religioso que domina a reunião, falando muito e não deixando outros expressarem sua experiência de Deus na busca de sua vontade. Apela muito para "rótulos" para ridicularizar os que não concordam com sua opinião. Faz até ameaças aos que têm a coragem de não concordar com sua opinião. É personalidade forte, que tenta dominar pessoas e decisões comunitárias. Apela até para a raiva, quando sua opinião não é aceita. E quando sua opinião não é aceita, resmunga e critica os outros durante todo o tempo da execução comunitária. Ele faz tudo para derrubar o que foi decidido democraticamente, para provar que ele estava certo. Somente pela pobreza de espírito essa pessoa poderá ser libertada para o desafio de buscar e viver a vontade do Pai em comunidade. Somente a contemplação de Cristo humilde, que precisava de uma comunidade na busca da vontade do Pai, poderá libertar essa pessoa de seu orgulho opressor.

b) Fechamento

Fechamento, nesse sentido, seria um silêncio anormal diante do processo da busca da vontade do Pai. É o caso do religioso que nunca diz sua opinião. Do religioso que fica o tempo todo à margem do processo. Fica "em cima do muro", sem dizer "sim" ou "não". Por medo ou por conveniência, fica silencioso e não participa no processo. Falta assim uma parte importante no "quebra-cabeça" da procura da vontade do Pai. O bom superior de comunidade sabe como incluir todos no trabalho de estudo, até os mais humildes. Mas quando alguém opta por ficar calado de propósito, então nem o superior terá o que fazer. É uma opção por ficar fora do processo. Mas o pior é que, depois de todo o processo de discernimento, esse tipo de gente começa sua tática de crítica destrutiva de tudo o que foi decidido. Começa a dividir a comunidade com seu veneno. Exime-se de qualquer responsabilidade, dizendo que não concordou com a decisão. Se deu certo, então gaba-se de ter concordado com a decisão. Falta muita honestidade na vida de tal religioso. Precisa de muita conversão. Precisa também ser confrontado pela comunidade, que não se pode deixar desanimar em sua caminhada por essas críticas crônicas.

c) Comodismo

Comodismo é a opção por não mudar nem entrar no processo de conversão. É uma opção por não entrar no processo de busca da vontade do Pai. É um fechamento radical diante da vontade do Pai. Essa pessoa nunca responde aos questionários e às pesquisas da província, no primeiro momento do discernimento. Nunca participa das reuniões de discernimento. E, no fim, só critica tudo e todos, porque interferiram em sua vida acomodada. E faz tudo para interferir no processo de busca da vontade do Pai, porque sabe que isso vai mexer em seu estilo de vida e vai exigir dele a conversão. Somente uma conversão radical pode libertar a pessoa acomodada, para que possa voltar a abrir-se à palavra de Deus e à vivência autêntica da vida consagrada.

Capítulo XII

FORMAÇÃO PERMANENTE

Durante o tempo de nossa formação inicial, especialmente no noviciado, recebemos alguma orientação sobre o ser e o agir da vida consagrada. Em geral, foi um tempo de muito aproveitamento. Por outro lado, faltou muita coisa em nossa formação inicial em vários aspectos de uma formação mais humana, espiritual e holística. Nunca poderemos dizer que nossa formação inicial foi perfeita nem que, quando terminou nosso noviciado, estávamos "feitos" e, por isso, não precisávamos de mais formação. Ainda faltava a formação contínua que nos ajuda a colocar os pés no chão a respeito de nossas realidades diante do compromisso de consagração. Também faltavam apresentações sobre as exigências das diferentes idades (a segunda e a terceira idades), que têm seus problemas particulares na vida consagrada e que exigem formação permanente.

Houve muitas tentativas por parte das congregações e da CRB, nacional e regional, de promover cursos para preencher as lacunas em nossa formação inicial ou para aprofundar o que recebemos, mas agora de uma forma mais realística, com os dois pés no chão. Infelizmente, nem sempre seus esforços encontraram entre os religiosos o entusiasmo que mereciam. Parece que a atitude predominante foi que, uma vez terminada a formação inicial (noviciado e juniorato), os religiosos não precisam mais aprofundar a teologia da vida consagrada. As congregações masculinas clericais são um bom exemplo disso. Em geral, não participam da CRB regional e do que ela oferece em cursos para aprofundar o ser e o agir da vida consagrada na América Latina. Mas uma realidade é evidente: a formação ini-

FORMAÇÃO PERMANENTE   *211*

cial, sem uma formação contínua em todos os campos de nossa vida religiosa, não foi suficiente para enfrentar os novos desafios da vida consagrada na pós-modernidade.

I. Quais são algumas das resistências à formação permanente?

1. O orgulho intelectual

Muitas congregações estão fornecendo para seus religiosos e religiosas uma boa possibilidade de completar seus estudos básicos e até seus estudos superiores. É uma necessidade de refundação que está urgente em nossas congregações. Não só nos campos das ciências religiosas, mas também no campo da profissionalização científica segundo seus carismas. Terminando seus estudos, e com o diploma na mão, muitos religiosos sentem que possuem uma bagagem suficiente em todos os campos humanos e espirituais da vida consagrada. Pensam que possuem tudo para enfrentar os desafios da sua consagração e de seus apostolados. Portanto, possuindo o suficiente, não precisam "estudar" mais. Infelizmente, confundem o intelectual com o processo de consagração, que precisa de formação permanente, para alimentar o ser da consagração religiosa.

Num processo de orgulho intelectual, tudo o que é oferecido na linha de formação permanente é colocado no último lugar das opções. Julgam que essas coisas são para os que não têm "diploma" e estão em níveis muito baixos. O mal de tudo isso é que, nesta era pós-moderna, os avanços constantes em todas as ciências, sagradas e seculares, são impressionantes. O que aprendemos no noviciado, a respeito da teologia da vida consagrada e em nossos campos profissionais, de repente não é suficiente para responder aos nossos anseios, nem aos do povo. Precisamos estar atualizados, tanto no campo espiritual e humano como em nosso profissionalismo. Somente um momento de honestidade e uma boa dose de humildade podem convencer-nos de que precisamos de muita formação em todas essas áreas, mas especialmente na busca da experiência de Deus. O primeiro resultado de uma atitude de orgulho é o afastamento da experiência de Deus. A primeira coisa a descartar, num estado de orgulho, é a oração e a intimidade com Deus.

Por isso, há uma necessidade espiritual de crescer diariamente na experiência de Deus através da contemplação e da ação. Isso somente vem com o cultivar da vida espiritual, que somente pode vir de uma formação contínua nesse campo. A vida espiritual cresce e muda com o tempo, e é necessário acompanhar as mudanças para poder sair de nossas estruturas caducas e acolher o novo.

2. Medo de confrontos

Qualquer pessoa que busca crescer em sua consagração, por meio da formação contínua, sabe que tal formação sempre mexe com suas estruturas estabelecidas. Descobrem que o Espírito Santo pede que deixem sua maneira fixa de ser, agir e querer para assumir o novo. O novo é exigente, mas libertador em todos os sentidos. No crescimento na consagração, há necessidade de descobrir o diferente e novos modos de viver nossa vida consagrada, nossa vida comunitária e nossos apostolados. Descobrimos que o que valia em nossa vida em um estágio não serve mais. Precisamos mudar.

A formação permanente é uma fonte importante para enxergar, com os olhos da fé, a realidade que nos cerca e que nos convida a sair de nossa posição de "conforto" para assumir o novo. Em poucas palavras, a formação contínua é um chamado à conversão evangélica que mexe profundamente com o nosso ser religioso individual, comunitária e apostolicamente. A formação contínua, num primeiro instante, sempre causa em todos certo medo. E o medo causa em nós a tentação de fugir de nossa realidade, porque exige de nós certa mudança. Há a tendência de assumir a atitude de "não mexa comigo" e "estou muito bem com o que aprendi no noviciado". Tais atitudes condenam os

FORMAÇÃO PERMANENTE   213

religiosos a ficar sempre no mesmo lugar e a não buscar novos horizontes libertadores. Fogem de qualquer meio que os coloque numa atitude de questionamento como cursos, leituras e retiros sérios. É uma fuga da conversão diante dos apelos do Espírito Santo. É a opção por ficar surdo diante dos apelos de conversão.

3. Medo de autoconhecimento

Esse medo do autoconhecimento existe especialmente na área psico-afetivo-sexual. Muita literatura e muitos cursos sobre essa área humana foram fornecidos pela CRB nacional e regional. Não há dúvida que a maioria dos religiosos de idade média, em sua formação inicial, não recebeu nenhuma formação adequada nesse campo. Faltou formação teórica, mas também faltaram orientações práticas para apreciar e viver alegremente a sexualidade e a vida afetiva no contexto celibatário e comunitário. Por isso, a maioria dos religiosos precisa de formação permanente nesse campo essencial de nossa vida consagrada.

Mas alguns religiosos sentem um verdadeiro pavor de entrar nesses assuntos, que possivelmente vão acordar "monstros adormecidos" em sua vida. Outros têm pavor de qualquer tema que toque nesses pontos, porque foram "queimados" durante sua formação inicial por falta de profissionalismo em seus formadores. Esse processo de autoconhecimento nessas áreas exige um confronto com nossas realidades do passado, algumas das quais são dolorosas. A formação permanente nesse campo psico-afetivo-sexual não somente nos mostra a razão que há por detrás das realidades e reações em nós, mas, sobretudo, mostra pistas para superar nossos medos, mágoas e complexos que vêm de nosso passado.

Porém, para conseguir tudo isso, o consagrado vai precisar mudar sua vida para conseguir a libertação. Ele precisa assumir sua vida com coragem e esperança. Não vai poder culpar mais os outros por suas deficiências e complexos. Tem de começar a

214   A TEOLOGIA DA VIDA CONSAGRADA

assumir sua vida com a esperança de libertação. Alguns religiosos tiveram experiências negativas em sua formação inicial, com
formadores "semipsicólogos", que realmente fizeram mais dano
do que bem. Deixaram marcas desagradáveis. Isso não pode
servir, entretanto, como desculpa para não buscar formação contínua nessas áreas. Cursos e literatura fornecidos pela CRB são
preparados por profissionais, os quais têm muito valor e seguem
linhas que podem ajudar na aceitação e na superação libertadora
de nosso passado doloroso. Cursos, como CERNE, têm ajudado muitos religiosos da segunda idade a confrontar e superar
seus "monstros adormecidos". Também a literatura fornecida
pelo Grupo de Reflexão de Psicólogos da CRB Nacional é excelente para continuar nossa formação humano-espiritual.

4. Estafa na vida consagrada

Muitos religiosos e religiosas estão num estado de estafa e
desgaste emocional, físico e espiritual. Isso, é claro, tem efeito
em todos os aspectos da vida do consagrado. Acham dificuldade em rezar. Acham dificuldades em viver em comunidade. Sentem impaciência crônica em seu apostolado. E as dificuldades
experimentadas com essas condições, muitas vezes, desembocam ou numa crise vocacional, ou certamente numa crise da
segunda idade.

O trabalho constante e, às vezes, desumano criou em muitos religiosos, especialmente nos da segunda idade, um cansaço
muito grande. Causou a perda do sentido da luta pelos seus
ideais. Outros estão querendo achar a paz interior, mas não têm
forças para reassumir os caminhos da formação contínua, que
poderia fornecer a paz necessária. Alguns sofrem muitas decepções existenciais por causa de si mesmos e de seu mundo. Infelizmente nesse estado alguns religiosos optam por se fechar em
si mesmos e querem escapar de tudo o que incomode sua vida.
Não encontram força para confrontar-se com o novo que traz a
vida, nem muitas vezes a luz que precisam para superar a crise.
Entram então num ritmo de vida que somente aumenta o des-

gaste físico e espiritual. Não sabem como cuidar de si mesmos nem de suas necessidades. Começam a viver uma opção de morte, ao invés de vida e de alegria na consagração. Estão em profunda depressão.

Estafa e depressão exigem uma parada radical. Não há outro remédio para esse mal. Há necessidade urgente de formação contínua. Precisam um tempo forte de recuperação, como um ano sabático, durante o qual devem parar toda a atividade normal, para cuidar de si mesmos e de suas necessidades existenciais. O ano sabático deve ser bem planejado para se adequar às necessidades reais de cada religioso. Não é somente um tempo para estudar novas maneiras de viver a vida consagrada, mas é, sobretudo, um tempo para renovar sua vocação religiosa. É tempo de cura interior, de descanso físico, de busca de direção espiritual e de acompanhamento psicológico. É tempo de renovar seu "primeiro amor" (Ap 2,4) e redescobrir o entusiasmo de sua consagração religiosa.

É tempo de projetar a vida com mais realismo e assumir suas possibilidades humanas nessa etapa da vida. É tempo de sentirem-se bem consigo mesmos. É tempo de deixar os sonhos impossíveis, para poder assumir com paz toda a sua realidade rica, mas limitada. É tempo de fazerem as pazes consigo mesmos. É tempo de descobrir de novo como Deus está apaixonado por nós, com todas as nossas limitações humanas e com todos os nossos dons e serviços por tantos anos em favor do reino.

5. Ativismo

Uma desculpa, que se escuta frequentemente para não assumir a formação contínua fornecida pela Província, é que "não tenho tempo, porque tenho coisas demais para fazer". O ativismo exagerado tomou conta de muitos religiosos, causando certa desatualização em sua vida consagrada e em seus apostolados. Pouco a pouco nossa identidade religiosa está sendo prejudicada, e em seu lugar há somente atividades. Somos mais funcionários do que consagrados. O ser religioso começa a morrer com o exagero no fazer. E sem o ser religioso, até as atividades pastorais perdem todo o seu sentido.

Coisas importantes, se não essenciais, que nossas Constituições exigem de nós como consagrados, são colocadas num plano secundário e até perderam seu sentido. Por exemplo, num processo de opção consciente em favor de atividades, esquecemo-nos da vida fraterna em comunidade, do silêncio necessário para a contemplação, do nosso próprio carisma fundacional, da conversão contínua para a pessoa de Cristo e dos três meios para seguir Cristo radicalmente na consagração. Tudo isso, pouco a pouco, é deixado de lado.

E quando o Espírito Santo chama esses consagrados à conversão, por meio da formação permanente, sempre acham desculpas para não aparecer, por causa de "trabalhos urgentes". E logo o consagrado começa a perder sua identidade, e entra em crise de identidade. O religioso, se quiser sair dessa situação, pode procurar cursos curtos, mas de qualidade, fornecidos pelos núcleos da CRB, pelos governos provinciais ou pelas dioceses, onde prestam seus serviços. Oportunidades não faltam. O que falta é a opção necessária e pessoal para procurar.

II. Tendências na formação contínua hoje

1. Uma formação holística

Hoje em dia, na formação permanente, há uma tendência de levar em conta todas as áreas da vida consagrada. Antigamente, a formação permanente tratava somente daquela parte que se referia à "alma" e à vida espiritual. Hoje, procura-se cuidar da parte espiritual, da saúde, da necessidade de lazer, da área psico-afetivo-sexual, das exigências dos vários estágios do crescimento humano, especialmente nas crises da segunda e terceira idades e, finalmente, da necessidade de aposentadoria com dignidade. Quem teve a chance de frequentar cursos dirigidos exatamente nessa linha tem experimentado uma grande libertação humano-espiritual.

FORMAÇÃO PERMANENTE 217

Sem qualquer dúvida, a formação holística é mais humana e mais evangélica do que a formação que recebemos como noviços e juniores. Há muito para aprender, muito para descobrir e, sobretudo, muito para nos libertar. Há a possibilidade de assumir a consagração de uma maneira totalmente libertadora. Há, finalmente, a necessidade de cuidar de nossa saúde e de não cair na ascese falsa e não cristã, segundo a qual é "mau" tudo o que pertence ao corpo. Há necessidade de descobrir que o lazer não é um "pecado", mas uma necessidade humana para recuperar nossas forças. Incluindo também o tempo para finalmente buscar a direção espiritual como boa ajuda nos anos dourados da vida consagrada.

2. Uma atualização teológica

Muitos religiosos estão procurando uma atualização teológica. Muitas religiosas estão buscando o estudo de teologia nos seminários e universidades. Isso é muito positivo. Mas, por outro lado, por falta de uma atualização teológica, muitos religiosos estão ficando para trás, e não somente os da segunda e terceira idades. Muitos jovens religiosos, que pararam de estudar depois de seu tempo de formação inicial, já estão ficando desatualizados. Pior, essa realidade também significa que estamos sendo agentes pastorais desatualizados.

Há necessidade de um estudo programado em cada congregação, em nível provincial. Há uma tendência, em geral, de buscar essa atualização teológica. Os peritos em teologia dogmática, teologia moral e nos estudos bíblicos de nossas Congregações poderiam ajudar-nos muito mais, fornecendo cursinhos em suas matérias ou ao menos indicando leituras essenciais sobre determinados assuntos, que poderiam ser estudados na comunidade local. Certamente a maioria dos religiosos precisa de formação sobre a pós-modernidade e sobre o como viver sua consagração em seu meio e como serem agentes pastorais diante dos desafios que a pós-modernidade apresenta.

3. Uma formação espiritual

Há, sem dúvida, uma renovada busca sobre assuntos que tocam diretamente à vida espiritual e à vida consagrada. Reconheceu-se que existia um grande vazio em nossa espiritualidade religiosa e, por isso, houve uma busca para redescobrir as raízes de nossa espiritualidade e reascender às fontes para procurar uma experiência de Deus.

Houve também, graças à busca de uma formação holística, o reconhecimento que cada fase, ou estágio, na caminhada da consagração religiosa precisa de crescimento espiritual, porque, sem ele, há somente a estagnação e a morte. Houve uma busca para redescobrir a teologia da vida consagrada, que dá vida e sentido à nossa identidade na Igreja e no mundo. Houve uma renovada busca para descobrir caminhos de intimidade com Deus e, especialmente, a necessidade de descobrir sua misericórdia libertadora e seu amor incondicional.

Há certamente a tendência de fazer nossa espiritualidade mais encarnada na vida. Nossas liturgias falam muito mais da busca de Deus, não só no sagrado, mas também na vida onde experimentamos o amor de Deus. Isso levou muitas congregações a investir em cursos sobre a oração mais profunda e retiros silenciosos e dirigidos. Muitos religiosos estão procurando seriamente a direção espiritual, embora haja entre nós uma grande carência de diretores espirituais. Há a tendência para uma maturidade maior na busca da cura interior das mágoas que escravizaram tantos consagrados por tantos anos.

Há novo interesse pela espiritualidade congregacional e pelos meios essenciais para viver e alimentar nosso carisma. Há uma busca de biografias mais críticas e menos "devocionais" de nossos fundadores e fundadoras, mostrando seu lado humano-espiritual, e que nos podem animar na tentativa de continuarmos seu espírito hoje. Nem sempre os esforços de provinciais, comissões e secretariados receberam o acolhimento que mereciam. Mas, em geral, há sinais de uma renovação espiritual mundial da vida consagrada. O fato de muitas congregações tomarem o tema da espiritualidade como princípio motor para animar suas fraternidades é um sinal dessa tendência.

4. Formação pastoral

Com a busca de uma espiritualidade mais encarnada, os religiosos perceberam que nossa vida pastoral também estava desatualizada. Houve grandes avanços nessa área nos últimos anos, mas algumas congregações não os acompanharam. Há questionamentos muito sérios: como podemos pregar melhor, animar melhor nossas liturgias, como podemos ser luz para o povo nestes momentos de crise. Não podemos dar ao povo de Deus o que não temos dentro de nós mesmos.

Há grupos específicos na Igreja que exigem uma pastoral especial que não existia há poucos anos. Exemplo seriam os divorciados que querem participar da Igreja, os viciados em drogas e álcool que buscam ajuda e apoio para suas dependências e para sua busca de Deus, os homossexuais, os menores de rua, os idosos abandonados, os sem-terra, os sem-teto, a pastoral urbana. Todos precisam de pastorais especiais.

Precisamos de muito estudo pastoral sobre a maneira de encarar e ajudar esses cristãos em nossa sociedade e em nossa Igreja. Não pode haver nenhuma desculpa para não estudar mais profundamente, em especial se uma dessas categorias de pessoas fizer parte dos destinatários de nosso carisma. Também o povo de Deus está esperando algo mais de seus religiosos "profissionais". Está procurando "alimento" em nossas pregações e direção espiritual que possa levá-lo a uma experiência de Deus segundo sua realidade neste mundo moderno. Quer ouvir nossa experiência de Deus que o ajude a ser "sal" e "luz" nesse mundo secularizado.

5. A vida em comunidade

Sem dúvida, houve uma busca renovada para estudar, implementar e viver com autenticidade novas formas de vida em comunidade. Começou com o fato de grandes desilusões com algumas estruturas tradicionais. Os questionamentos da nova geração de religiosos provocaram uma releitura da vida em comunidade que, infelizmente, a maioria de nós nunca teve em sua formação inicial. Querendo ou não, a formação tradicional na vida comunitária levou muitos religiosos para um intenso individualismo na espiritualidade e na fraternidade. O individualismo foi até considerado uma virtude entre nós.

Agora os jovens religiosos querem dar muito mais ênfase à amizade evangélica no contexto comunitário. Querem mais ênfase na qualidade das reuniões comunitárias, para fomentar a fraternidade e a busca de apoio comum na consagração. Há a busca de confronto e conversão para podermos crescer como grupo livre e adulto, que assumiu a consagração comum a todos no grupo. O que faltava na formação inicial mais tradicional eram os meios para cumprir tudo isso. Não fomos formados para assumir as novas maneiras de encarar e viver a fraternidade.

Portanto, precisamos de formação permanente, para acolher o novo nesse campo, porque os jovens religiosos estão procurando mais do que nós recebemos em nossa formação inicial. Por outro lado, a formação dos mais velhos oferece elementos importantes e essenciais que devem ser passados para os novos. Precisamos aprender uns com os outros.

Há necessidade também de redescobrir o papel do superior como guia espiritual da comunidade. Infelizmente o superior foi visto mais como administrador do que como pastor de seus irmãos. O novo conceito de guia espiritual foi uma redescoberta da ideia original dos Padres do deserto. É necessário que nossos superiores tenham formação contínua nessa linha, para que possam ter tempo para sentar e falar individualmente com todos os membros da comunidade, para animá-los, consolá-los e desafiá-los a viver sua consagração com mais liberdade e mais alegria. É preciso prestar uma ajuda espiritual aos nossos irmãos em necessidades, em dificuldades e em doenças.

Índice

Introdução 5

Capítulo I
A essência da vida religiosa 7
I. O que a vida religiosa *não é* 11
    1. A visão tradicional 11
    2. Fundamento bíblico 13
    3. Ênfase no fazer 14
    4. Ênfase em estruturas 16
II. O que a vida religiosa *é* — qual sua essência? 17
Um fundo histórico 17
    1. O ser da vida consagrada 18
    2. As consequências da vivência radical da aliança do batismo 20

Capítulo II
As bases teológicas da vida consagrada 22
I. A vivência do Primado do Absoluto 22
    1. Consagração significa tornar algo "sagrado" 23
    2. Dedicar algo somente para Deus 24
    3. Oferecer algo a Deus em sacrifício 25
    4. Permanência 26
    5. Conversão 26
II. A missão profética na Igreja 27
    1. O sentido da missão profética na vida consagrada 27
    2. Anúncio profético 28
    3. Denúncia profética 29
III. A vida em comunidade 32
    1. Uma definição teológica da vida em comunidade 33
    2. Qualidades evangélicas de uma comunidade religiosa 38
IV. A profissão pública 43

Capítulo III
As dinâmicas teológicas na vivência do Primado do Absoluto 45
I. *Evangelia* 46
II. *Koinonia* 48
III. *Diakonia* 53
IV. Algumas consequências dessa tríplice dinâmica 56

Capítulo IV
O seguimento radical de Jesus Cristo 59
I. O "rabinato" judaico 60
II. O rabinato de Jesus Cristo 62
    1. Similaridades com o rabinato judaico 62
    2. As diferenças no rabinato de Jesus 63
III. As maneiras diferentes de seguir o Mestre 65
IV. Algumas consequências do seguimento radical de Jesus 68
    1. Seguir Cristo é ser chamado por Cristo 68
    2. Seguir Cristo é viver com ele 69
    3. Seguir Cristo é viver como Cristo 70
    4. Seguir Cristo é compartilhar com ele sua missão 71

Capítulo V
A opção fundamental e a vida consagrada 72
I. Primeiro princípio 73
II. Segundo princípio 74
III. Terceiro princípio 76
IV. Quarto princípio 77
V. Quinto princípio 80
    1. A influência e a herança de nossos pais 80
    2. A influência de minha própria história de pecado 81
    3. A influência da sociedade que me cerca 81
    4. A fragilidade humana 82
VI. Sexto princípio 83
VII. Consequências que acompanham
    a opção fundamental pelo "outro" 85

Capítulo VI
A conversão e a vida consagrada 88
I. Que é a conversão cristã? 88
II. As condições necessárias para assumir a conversão 89
    1. Estado de insatisfação 89
    2. Busca de alternativas para voltar
    à vivência de nossa consagração 90
    3. Necessidade de abertura e de busca de conversão 91
III. Dois tipos de conversão evangélica 92
    1. A conversão "do coração" 92
    2. Conversão cristológica 95
IV. Os obstáculos para conversão na vida consagrada 96
    1. Medo 96
    2. Rigidez de costumes 97
    3. Comodismo 98
    4. Ativismo exagerado 99

Capítulo VII

A espiritualidade e a vida consagrada 101
I. Três momentos humanos na busca de espiritualidade 102
    1. Vida dentro de nós 103
    2. Vida fora de nós 104
    3. A dimensão de espiritualidade 106
III. Alguns princípios de espiritualidade 107
    1. Espiritualidade é viver o momento da graça 107
    2. Espiritualidade não é teoria, mas vida 108
    3. Toda espiritualidade começa com um "crer" ou um ato de fé .. 109
    4. Espiritualidade exige pobreza espiritual 110
    5. A espiritualidade combina o "velho" com o "novo" 111
    6. A espiritualidade precisa de ascese cristã 111

Capítulo VIII

A oração e a vida consagrada 114
I. Integração na oração 114
    1. Três momentos distintos mas não exclusivos 114
II. A oração de contemplação 118
    1. Meditação 118
    2. Contemplação 120
III. Alguns princípios de oração 124
    1. A oração autêntica é proporcional à qualidade de nosso amor ... 124
    2. A oração autêntica exige controle
       de si mesmo em corpo e em espírito 125
    3. Na oração autêntica, preciso ficar diante
       do Deus vivo e verdadeiro com meu verdadeiro eu 126
    4. Quando vou fazer a oração de contemplação,
       preciso dos três "s": silêncio, solitude e submissão 128
    5. Na oração de contemplação, os resultados
       não são proporcionais aos esforços humanos 130

Capítulo IX

O voto de pobreza 132
Introdução ao estudo dos três votos religiosos 132
I. O voto de pobreza 134
    1. A teologia do voto de pobreza 134
II. A virtude da pobreza 140
    1. O conceito de virtude 140
    2. A virtude da pobreza 141
III. A prática do voto de pobreza 149
    1. Honestidade 150
    2. Generosidade 151
    3. Espiritualização de todas as coisas 152
    4. Pobres de fato 153

Capítulo X
O voto de castidade 156
I. A teologia do voto de castidade 156
    1. A razão escatológica 158
    2. A razão do Primado do Absoluto 160
    3. A razão mística 161
    4. A razão apostólica 163
    5. Conclusão 164
II. Três orientações sobre o voto de castidade 165
    1. Orientações psicológicas 165
    2. Orientações pedagógicas 169
    3. Orientações espirituais 177
III. A virtude da castidade 181
IV. A prática da castidade 183

Capítulo XI
O voto de obediência 188
I. A teologia do voto de obediência (Gn 1-3) 189
    1. O plano original do Pai Criador 189
    2. O pecado entrou no mundo 190
    3. A promessa da salvação por meio da obediência 191
    4. Uma definição teológica da obediência religiosa 193
    5. A dinâmica da obediência de Jesus Cristo 196
    6. A obediência religiosa 198
II. A virtude da obediência 200
III. A prática da obediência 203
    1. Abertura 203
    2. Necessidade de submissão 204
    3. A execução 204
    4. Corresponsabilidade 206
    5. O que atrapalha o processo de obediência 208

Capítulo XII
Formação permanente 210
I. Quais são algumas das resistências à formação permanente? 211
    1. O orgulho intelectual 211
    2. Medo de confrontos 212
    3. Medo de autoconhecimento 213
    4. Estafa na vida consagrada 214
    5. Ativismo 215
II. Tendências na formação contínua hoje 216
    1. Uma formação holística 216
    2. Uma atualização teológica 217
    3. Uma formação espiritual 218
    4. Formação pastoral 219
    5. A vida em comunidade 219